Georg Lauscher

Lebenskrisen und ihre Botschaften

Franziskanische Akzente

herausgegeben von Mirjam Schambeck sf
und Helmut Schlegel ofm

Band 28

GEORG LAUSCHER

Lebenskrisen und ihre Botschaften

Von Anfängen und Übergängen

echter

Herzlicher Dank geht an Eva Kasper für die sorgfältige Zuarbeit bei den Korrekturen und den Sponsorinnen dieses Bandes, die nicht genannt werden wollen. Mirjam Schambeck sf und Helmut Schlegel OFM danke ich für die Einladung und Aufnahme in die Reihe „Franziskanische Akzente".

Ich gebe nur weiter, was ich empfangen und auf meine Weise verarbeitet habe. Was das Umgehen mit Lebenskrisen betrifft, habe ich viel gelernt von meinen Nachbarn in sozialen Brennpunkten und von Arbeitskolleg*innen in der Fabrik, von Menschen, mit denen ich mich verstehe – über die Grenzen von Nation, Kultur und Religion hinaus. Und ich lerne weiter von den Menschen, die ich geistlich begleite.

Wilhelm Bruners bin ich dankbar für sein aufrichtiges Zutrauen und die kräftige Ermutigung zu diesem Buch.

Den Aachener Franziskanerinnen bin ich dankbar für ihre Gastfreundschaft. Sie haben, ohne es zu wissen, mir die Arbeit an diesem Buch ermöglicht.

Inhalt

Vorwort

„Jimmy" riefen ihn alle, diesen jungen Mann, wenn er zwischen den Hochhäusern des sozialen Brennpunktes freundlich winkte. Oft wurde er ausgenutzt. Auch von seinen Landsleuten, die wie er aus Albanien hier Zuflucht und Zukunft suchten. Eines Tages nun klopft er verzweifelt an meine Wohnungstür im 13. Stock: „Ich war telefonieren, in der Telefonzelle an der Hauptstraße. Es war ein so schlimmes Gespräch, dass ich danach schnell raus bin. Ich habe alles liegen lassen … all meine Papiere, mein ganzes Geld … Als ich es merkte und zurücklief in die Telefonzelle, war alles weg … Ich stehe vor dem Nichts …" Lange sitzen wir uns gegenüber, bedrückt und schweigend. Nur einzelne Worte gehen hin und her. Doch plötzlich – nach einem besonders langen Schweigen – richtet Jimmy sich auf: „… und ich liebe mich *mit* meinen Problemen!"

Er war in einer verzweifelten Lage – äußerlich hatte sie sich nicht im Geringsten verändert –, und doch war plötzlich alles anders. Was war mit ihm geschehen? Ich weiß es nicht. Eine Wandlung. Ja. Aber ich konnte weder einen bestimmten neuen Gedanken seinerseits erkennen noch eine besonders gelungene Antwort meinerseits. Inmitten dieser verfahrenen Situation brach aus dem Nichts heraus etwas Neues auf. Oder genauer: Es kam aus der Resonanz zwischen uns. Alles lag nun da in einem neuen Licht, das sich plötzlich Bahn gebrochen hatte. In diesem Licht konnte sich Jimmy mit seinen Problemen lieben. Doch wie kam er – der staatlich indoktrinierte Atheist – dazu, sich an diesem Nullpunkt liebenswert zu finden? Ich weiß es nicht. Er wusste es vermutlich selbst nicht. Aber es war wahr. Der radikale Neuansatz am Tiefpunkt der Verzweiflung war wahr. Eindeutig und unumkehrbar. Doch welche Botschaft erfuhr Jimmy hier für seinen Lebensweg?

Die Krise ist der Ursprungsort jüdischen und christlichen Glaubens. In und durch Krisen hindurch kam und kommt der Glaube zur Welt. Konventionen und religiöse Konstruktionen mögen vorübergehend helfen. Früher oder später werden sie zerbrechen. Die Ursprungsorte des Glaubens sind oft markiert durch ein Überwältigtsein von etwas außergewöhnlich Schönem oder etwas außergewöhnlich Schlimmem, in dessen Folge sich Verwunderung oder Desorientierung einstellen, selige oder leidvolle Fassungslosigkeit. Zumindest bewährt und klärt, läutert und häutet sich hier Glaube in einer Entwicklung, die erst mit dem letzten Atemzug endet.

Von „Lebenskrisen und ihren Botschaften" handelt dieses Buch. Es widerspricht der persönlich und politisch tiefsitzenden Illusion eines Lebens ohne Krisen und Konflikte, ohne Leiden und Anstrengung. Dieser moderne Mythos entspricht nicht der Realität. Er begegnet uns in den verschwiegenen Wahrheiten politischer Verhältnisse und auch im seichten Gottesbild innerhalb wie außerhalb der Kirchen, die ein gelingendes Leben ohne Reibungsflächen vorgaukeln. Ich misstraue solchen Ver-Sprechen aufgrund eigener und fremder Lebenserfahrungen. Mag sein, dass in einem oberflächlichen und entfremdeten Leben Krisen, schmerzliche Entscheidungen und riskante Anfänge weitgehend vermeidbar sind. Doch um welchen Preis? Um den Preis der Wahrheit und des Weiterwachsens? Lebensfremde Illusionen und Konstruktionen sind ohne schmerzhafte Brüche, Anfänge und Übergänge nicht zu entlarven. „Du wirst heute zum Christen getauft", schreibt Dietrich Bonhoeffer zum Tauftag eines Neugeborenen aus dem Gefängnis. „... auch wir selbst sind wieder ganz auf die Anfänge des Verstehens zurückgeworfen."[1]

Ich lade ein, dem brüchigen Menschenleben treu zu bleiben und genau hinzuschauen, was durch seine Bruchstellen hindurch aufleuchten könnte. Es geht hier weniger um Information und Analyse. Es geht vielmehr um ein Verstehen von innen und von einer bejahenden Beziehung her. Die seelische Bewegung, in der die Seele Lebenskrisen durchleidet und überwindet, gleicht der Struktur einer Spirale. Die Seele umkreist den schwer verständlichen Kern einer Krise, indem sie ihn aus unterschiedlichen Perspektiven in den Blick nimmt. Auch wenn wir oft meinen, im Kreisen auf der Stelle zu treten und wieder am alten Punkt angelangt zu sein, findet die Seele intuitiv auf diese Weise ihren Weg zur Heilung. Dabei muss unser Geist die Seele oft schützen vor übernommenen und tief eingeprägten kontrollierenden und bewertenden Denkmustern. Eine sanfte geistige Selbstdisziplin ist hier zu üben, die den augenblicklichen Zustand verständnisvoll annimmt. „Was nicht angenommen ist, kann nicht verwandelt, nicht erlöst werden", lautet eine Grunderfahrung der spirituellen Theolog*innen der frühen Kirche. Dieser Satz wurde zur Kurzformel für das Geheimnis der göttlichen Menschwerdung.

Im verstehenden Umkreisen und Annehmen werden zurückliegende schmerzliche Erfahrungen auf eine neue Ebene gehoben, in einem doppelten Sinn *aufgehoben*. Sie werden nicht achtlos übergangen, sondern in die Hand genommen, emporgehoben und aufmerksam angesehen.

Und sie werden in den Zusammenhang der eigenen Lebensgeschichte geborgen, eingefügt und integriert. So werden auch wir uns im Folgenden dem unverfügbaren Geheimnis bzw. dem unlösbaren Rätsel unserer Lebenskrisen in einer Spiralbewegung kreisend annähern.

Weil dieser Weg hier sehr persönlich beleuchtet wird, wähle ich häufig die Ich-Form. In diese Ich-Form können Sie – falls es Ihnen hilfreich erscheint – hineinschlüpfen wie in einen angebotenen Mantel. Dann wären Sie selbst beteiligt und das Lesen könnte Ihnen noch spürbarer Früchte bringen. Den persönlichen Prozess sollen auch die häufig verwendeten Bilder erleichtern. Sie geben – anders als Begriffe – der Seele und ihren Erfahrungen Raum, sich in Freiheit wahrzunehmen und zu wachsen. Wohl nicht zuletzt aus diesem Grund sprach Jesus oft in Bildern und Gleichnissen. Um den Erfahrungen von Transzendenz, also vom Überschreiten der sichtbaren zur unsichtbaren Wirklichkeit hin, Ausdruck zu geben, bedürfen wir der Bildersprache.

Ich schreibe in der Hoffnung, dass Sie, liebe Leserin und lieber Leser, beim Lesen ihrem eigenen Leben oder dem verwundeten Leben vertrauter Menschen auf die Spur kommen. Es wird kein unterhaltsamer Weg sein, doch einer in wachsendem Vertrauen. Denn Brüche können Anfänge und Übergänge zu einem lebendigeren Leben werden. Wenn auch wider den eigenen Willen und anders als gedacht. An Bruchstellen können wir Durchbrüche erfahren zu bislang unbekannter Lebenstiefe und Lebensweite. Eine krisengeschüttelte Teilnehmerin an einem Einführungskurs zum Schweigegebet (dem kontemplativen Beten) brachte ihre innere Erfahrung im Gespräch so auf den Punkt: „Jetzt verstehe ich, wie der Weg geht: Je tiefer – desto weiter!“

Solch leise und zugleich lebenskräftige Spiritualität hört mit dem Wachsen nie auf: in seelische Tiefen hinein wie in soziale, ja universale Weite hinaus. Ein krisengereifter Glaube ist zutiefst persönlich und politisch. Er birgt ungeahnte kreative Kräfte zur Lebensgestaltung im Persönlichen wie im Politischen. Wie ich in Lebenskrisen mit den eigenen Schwächen umgehen lerne, trägt Früchte im Kontakt mit den Schwächen anderer und mit den Schwachen in der Gesellschaft.

1. Brüche

„Ein zerbrochenes
und zerschlagenes Herz –
wirst du, Gott,
nicht verschmähen
(nicht verachten).“
(Ps 51,19)

Woche für Woche, jeden Freitag betete ich in den Laudes diesen Vers aus Psalm 51. Ich betete ihn widerspenstig, mit innerer Ablehnung: Nein, ein Sadist kann Gott nicht sein, und zum Masochisten will ich nicht werden!

Bis mir eines Tages aufging: Ein lebendiges, weiches, pulsierendes Herz kann nicht brechen. Brechen kann nur ein kalt gewordenes, verhärtetes Herz. Wenn aber ein verhärtetes Herz aufbricht, ja zerbricht, könnte dies ungeahnte Lebenskräfte und Lebensmöglichkeiten freilegen.

Geboren

Menschen sind Überlebende. Alle. Der erste Aufbruch, den wir überlebten, war unsere Geburt. Nicht ohne unseren Einsatz riss die bis dahin schützende, aber auf Dauer tödliche Hülle. Irgendwie wurden wir gedrängt und zugleich drängte es uns durch eine dunkle Enge voran. Warum? Wozu das? Wir wussten nichts. Es geschah, ohne dass wir es bewusst steuern oder verhindern konnten. Und doch „wussten“ wir. Wir ließen geschehen und wirkten zu einem bescheidenen Teil mit bei diesem Geschehen. Und dann der Schock. Und dann der Schrei. Mitten in der überwältigenden Atemnot der erste Atemzug. In der Bildsprache der Bibel ist unser erstes Einatmen das Ausatmen Gottes: „Da formte Gott, der HERR, den Menschen, Staub vom Erdboden, und blies in seine Nase den Lebensatem“ (Gen 2,7). Diesem Bild folgend wäre jedes Einatmen unsererseits ein Ausatmen Gottes – bis schließlich unser letztes Ausatmen im Sterben uns ins Einatmen Gottes zurücksinken lässt. „Nimmst du ihnen den Atem, so schwinden sie hin und kehren zurück zum Staub“ (Ps 104,29). Und zwischen unserem ersten Einatmen und unserem letzten Ausatmen ein ganzes Leben in dieser Atemwiege, in dieser „Atemschaukel“ (Herta Müller). Ein Leben in sehr unterschiedlich bekömmlichem Atemgemisch: unser Einatem geprägt von der Qualität des Ausatems anderer – und ihr Einatem geprägt von der Qualität auch unseres Ausatems! Was für eine große wechselseitige Verantwortung!

Wir kamen also durch eine große Bedrängnis hindurch zur Welt. Das Erste, womit wir fertig werden mussten, war offensichtlich ein Schock, ein Trauma. Es war wie der Hinauswurf aus dem Paradies, mit dem wir fertig werden mussten. Das plötzliche, schmerzliche Ende einer Symbiose. Die bislang passende und förderliche Form des Mit-Lebens war an ein Ende gekommen. Wir wurden nicht gefragt. Es geschah an uns gegen unser Beharren und gegen unseren „Willen“ – und dennoch unserer menschlichen Natur gemäß! Die räumliche und gefühlsmäßige Trennung wurde noch besiegelt durch den scharfen Schnitt der Abnabelung. Auch gegen unseren „Willen“ – doch unserer menschlichen Natur gemäß. So sind wir von Geburt an traumatisierte und verletzte Menschen. All dies, was uns hier überwältigte, war offensichtlich eine notwendige Voraussetzung. Doch wofür? Für einen Entwicklungssprung, für eine erschreckende, doch später beglückende Überwältigung mit Lebendigkeit.

Aufgebrochen

Und nach unserer Geburt – wie viele Gefährdungen haben wir bis heute überlebt? Sonst schrieb ich diese Zeilen nicht und Sie würden sie nicht lesen! Wir sind Überlebende. Alle. Ein gläubiger Mensch würde sagen: Wir sind mit göttlichem und menschlichem Lebensatem Begabte, Begnadete. So oder so sind wir Aufgebrochene in einem doppelten Sinn: Wir sind bei unserer Geburt aufgebrochen worden in unserer wohligen Blase und sind aufgebrochen in ein fremdes, farbiges, furchterregendes und faszinierendes Leben. Und dies endet nicht, solange wir wach und lebendig bleiben: Wir leben von Geburt zu Geburt. Wir erleben immer wieder neu, aufgebrochen zu werden und aufbrechen zu müssen aus der Blase unseres Egos, unseres Milieus, unserer alten Lebensmuster. Der Echoraum, der uns mit der Zeit vertraut wurde, wird wieder neu aufgeknackt. Zu unserem Glück. Die Botschaft des Bruchs: Es gibt mehr! Du kannst weiter gehen! Schließ dich nicht selber ein in dem dir Vertrauten. Die Welt ist größer. Dein Leben auch!

Darin sind wir einander verwandt. Unsere erste und entscheidende Geburt scheint sich mitten im Leben auf eine andere Weise wiederholen zu müssen. Die Höhle unseres liebgewonnenen, kleinen Universums wird wieder aufgebrochen, die erweiterte Blase des erwachsenen Lebens bekommt einen Riss. Einmal. Viele Male. Wir kennen die beseligende Überwältigung in der Liebe und Selbsttranszendenz. Auch hier entgleitet uns die Regie in unserer Lebensführung. Solch beseligender Autonomie- und Machtverlust kann uns auch in der Natur, in der Musik oder im Gebet ereilen. Im Folgenden beschränken wir uns auf die traumatische Verlusterfahrung in Lebenskrisen.

Auch diese negativen Überwältigungen sind äußerst unterschiedlich, und sie werden von uns unterschiedlichen Menschen unterschiedlich erlebt und verarbeitet. Ein Trauma ist ein Ereignis, das unsere momentane nervliche und seelische Belastbarkeit übersteigt. Je früher in der Biographie sich ein Trauma ereignet, desto stärker die Wirkung, aber desto stärker sind (nach Erich Fromm) auch noch die Kräfte, mit denen sich jemand davon erholt. Ob Krankheit, Unfall, Krankenhaus, Prügel, Eingesperrtsein, sexuelle Überwältigung, Flucht, Vertreibung, Krieg – aus dieser Nacht der Nächte ist jede und jeder verändert aufgewacht. Fürs Leben verändert. Eingebrannt bleibt oft: Menschen, denen ich vertraute, haben mich zum Opfer gemacht oder teilnahmslos zum Opfer werden lassen.

Das griechische Wort Trauma bedeutet Wunde, Leck. In jedem Menschenleben gibt es offenbar dunkelste Stunden, in denen niemand da ist, der mitfühlt und versteht. Wir sind auf uns selbst zurückgeworfen und müssen sie alleine bestehen. Selbst der allernächste Mensch, der mitfühlt und versteht, muss auf der Schwelle stehen bleiben. Wie in der Passion Jesu tut sich ein einsamer, nicht einsehbarer Abgrund auf. „Ein Abgrund ruft den anderen hervor“, übersetzten frühe Christ*innen den Psalmvers

„Flut ruft der Flut zu beim Tosen deiner stürzenden Wasser“ (Ps 42,8). Sie versuchten in diesem Bild auszudrücken, dass sie mitunter den eigenen, einsamen Abgrund als zutiefst verbunden mit dem göttlichen Abgrund erfuhren – gerade auch in den für sie bedrängenden sozialen und politischen Verhältnissen.

Es ist, wie wir bei der Geburt gesehen haben: Etwas, was ich nicht wollte, hat mich überwältigt. Es kam plötzlich, massiv. Ich war kaum darauf vorbereitet, war schwach in diesem Augenblick. Durch diese überwältigende Erfahrung wurde etwas aufgebrochen in mir, in meinem Lebensgefühl. *Ich* wurde aufgebrochen. Ich bin anders danach. Wie gestorben? Wie neu geboren?

Die Erfahrung der einsamen Todesnähe wurde wie eine Wunde in den Leib, wie ein Leck in das eigene Lebensboot eingeritzt. Sie bleibt präsent. Die alte spirituelle Übung des *memento mori*, dieses „Gedenke, Mensch, dass du sterben wirst!“ ist seit dieser Erfahrung in die Seele, oft auch in den Leib eingezeichnet. Diese spirituelle Übung liegt diesen Überlebenden jetzt sozusagen im Blut. Anfangs vielleicht wie eine Panikattacke. Mit zunehmender Verarbeitung und Einfügung dieser Erfahrung ins eigene Wachstum kann sie leichter werden. Als verarbeitete und angenommene Erfahrung eröffnet sie die Möglichkeit, von innen her solidarisch und mitfühlend zu werden: „Anderen geht es ja ähnlich!“ Und der Tod, der von Dichter*innen des Schlafes Bruder genannt wird – er wurde auch des Tages Bruder, des Alltags Bruder. Ein Weggefährte, der dazugehört, der mitgeht. Leise. Es ist wie nach einem gelungenen Friedensschluss. Und durch all dies hindurch die Ahnung: Da ist eine oder einer, eine innere Vertraute oder ein innerer Unbekannter, die oder *der verschafft deinen*

Grenzen Frieden (vgl. Ps 147). Sanft. Wenn auch du selbst sanft mit dir bist!

Allen Opfern aber bleibt etwas eingebrannt wie ein Tattoo, ein Wundmal. Für die Kirche ist ein Sakrament eine Art Tattoo. Einen *character indelebilis,* ein unauslöschliches Prägemal nennt sie es. Alles ist wie zuvor, und alles ist anders. Es gibt ein Tattoo „Opfer", eine *furchtbare*, eines Tages womöglich dennoch *fruchtbare* Einführung ins abgründige Geheimnis des Lebens.

Einbruch

Dies also ist die erste Erfahrung: Ich bin an einer Stelle meines Lebens aufgebrochen worden. Fremdes, Unheimliches, Unfassbares ist durch diese Bruchstelle in mein Leben eingebrochen. Für Überlebende eines solchen Einbruchs wohnt das Abgründige nicht mehr bloß außen. Das wäre einfacher. Es wohnt innen. Mit seinen lebenslangen Folgen und Echoeffekten in Leib, Geist und Seele wohnt es innen. Die Konfrontation mit dieser inneren Schwester oder diesem dunklen Bruder und deren wieder und wieder zu erringende Adoption werden zur Lebensaufgabe. Es kann sich zu einer Lebenskunst entwickeln und zu einer wunderbaren Lebensgestalt werden. Sigmund Freud, dem Erich Fromm nach über 50 Jahren psychoanalytischer Praxis zustimmt, vertritt sogar die erstaunliche These, dass die Chancen für die Heilung umso günstiger sind, je größer das Trauma ist. Fromm ist überzeugt: Wenn ein*e Patient*in ein schweres Trauma überlebt, ohne in massiver Weise psychisch krank zu werden, dann zeigt dies, dass sein Kern gesund geblieben und er konstitutionell mit einer großen Stärke ausgestattet ist.

Psycholog*innen und Seelsorger*innen wissen, wie verbreitet und prägend traumatische Erfahrungen sind. Sie wissen, wie unverzichtbar es gerade hier ist, „die Geister zu unterscheiden", also genau hinzuschauen und hinzuspüren, ob es um eine aktuelle oder eine alte, jetzt unangemessene Angst geht. Gilt es, eine alte Erfahrung langsam doch ins Haus der eigenen Lebensgeschichte aufzunehmen? Wenn ja, wie könnte ich mich unterstützen (lassen), dies zu wagen? Oder aber gilt es, einer aktuellen, realen Gefährdung zu widerstehen?

Eine eigene Überlebenserfahrung will ich hier andeuten: Als Fünfjähriger komme ich ins Krankenhaus. Eine Operation steht an. Weiß nicht, was das ist. Bin Kind. Plötzlich wie in einem Tsunami bin ich hilflos den *Mächten und Gewalten* anderer Menschen ausgesetzt. Weil das Kind nichts begreift und sich darum wehrt, werden ihm von zwei Personen die Kleider vom Leib gerissen. Zum Röntgen zwingt man es mit Gewalt in eine Dunkelkammer zwischen zwei langsam sich aufeinander zubewegende Wände. Bei der Narkose wird ihm nach verlorenem Kampf die Äther-Maske über Nase und Mund gepresst. In der Erfahrung des Kindes ein Kampf mit tödlichem Ausgang. Als ich wieder wach werde, wundere ich mich, dass ich lebe.

Jahre danach, im Alter von etwa acht Jahren, höre ich am Karfreitag die Leidensgeschichte Jesu. Muss pausenlos weinen. Komm nicht dagegen an. „Jesus, was machen die da mit dir?! Wie grausam können Menschen sein! Und du kannst dich nicht wehren!" Ich habe Not, meinen Gefühlsausbruch, meinen Tränenstrom zu verbergen. Niemand soll es sehen. Es ist zu intim. Eine subversive Leidensgenossenschaft. Ich bin *doch* nicht allen fremd und von allen verlassen! Da ist einer, der kennt das …

So geschieht Jahre nach dem überwältigenden Trauma ein erstes Auftauen des eingefrorenen Leides, der verkapselten Lebenswahrheit. Erst als junger Erwachsener verstehe ich dann rückblickend die kindliche Christuserfahrung des Karfreitags: Sie ereignete sich aufgrund der Gewalterfahrungen im Krankenhaus. Diesen biographischen Hintergrund deute ich an, um die Leserin und den Leser zu ermutigen, beim Weiterlesen die eigenen Erfahrungen mitzulesen.

Jede Brucherfahrung ist eine einzige in ihrer Art. Ist sie tief, wird sie bei einschneidenden Veränderungen wieder wach. Bei neuen Brüchen, Anfängen und Übergängen mischt sich die alte Erfahrung wieder ein. Oft sind es diffuse Ängste, übermäßige Sorge, negative Fantasien, die einen Menschen dann überkommen. Diese diffuse Angst, Unruhe und Anspannung, die da auftauchen, waren nach dem oft viele Jahre zurückliegenden Trauma ins Unbewusste abgetaucht. Jetzt, da das Leben aufgewühlt wird wie ein klarer See im Sturm, tauchen die am Grund abgelagerten, schweren, dunklen Lebenspartikel wieder an die Oberfläche und trüben alles ein. Sie sind von gestern, doch jetzt besetzen und trüben sie die Gegenwart. Dies zu erkennen und zu benennen ist schon ein erster Schritt Richtung Befreiung: „Ach, dich kenn ich doch! Du bist die Angst von damals. Aber die habe ich doch längst überwunden.“ Energisch entscheide ich mich, jetzt mein Kopfkino zu verlassen und nicht zum x-ten Mal diesen Horrorfilm zu durchleben. Hier und heute, wo ich älter und weiter bin, macht mir etwas anderes Sorge. Darum geht's! Dem will ich mich stellen. Ich bin im Jetzt. Ich fühle im Jetzt. Ich denke im Jetzt. In demselben Maße, in dem ich in meinem Geist und allen Sinnen präsent bin, genau in diesem Maße erfahre ich mein Leben als Präsent, als Geschenk!

Je größer das erfahrene Trauma, desto größer war auch vermutlich die Not, es verdrängen zu müssen. Das Erlittene erschien unerträglich und wollte nicht noch einmal erlebt werden. Ohne sich dessen bewusst zu sein, entwickelten wir als Kind, als Jugendliche eine enorme seelische Überlebenskunst. Hier wirkt, so habe ich bei mir und bei anderen erfahren, eine verborgene, wunderbare *„Weisheit, die* beweglicher *ist als alle Bewegung. Sie ist ein Hauch der Kraft Gottes“* (Weish 7,24f).

Lebensmitte

Jüdinnen und Juden feiern Jahr für Jahr das sogenannte Laubhüttenfest. Jede jüdische Familie lebt während einer ganzen Woche in einer kleinen Laubhütte, um sich an den Weg des Volkes Israel durch die Wüste zu erinnern. In den Baubestimmungen für diese Hütten heißt es: „Baue die Wände so dünn, dass du die Nachbarn sehen kannst. Und baue das Dach so dünn, dass du die Sterne sehen kannst.“ Wenn wir so fest und undurchlässig bauen, wie wir dies gewohnt sind, dann scheinen früher oder später – wie im Gedicht von Joseph von Eichendorff – die Wände und das Dach über uns zerbrechen zu *müssen*, damit wir den Himmel und die Nachbarn wieder sehen können:

„Du bist's, der, was wir bauen,
Mild über uns zerbricht,
Dass wir den Himmel schauen –
Darum so klag' ich nicht."[2]

Oft erst um die Zeit der Lebensmitte, wenn ein Mensch sich in sich selbst und in verlässlichen, persönlichen Beziehungen gefestigt fühlt, drängt das Verdrängte ans Licht des Bewusstseins. Zuerst noch ungeklärt – wann und wie hätte es sich auch klären können? So kommt das Verdrängte verworren und verwirrend ans Licht: diese Krankenhauserfahrung, diese zerbrochene Beziehung, diese falsche oder versäumte Lebensentscheidung. Dies will jetzt (endlich) beachtet und geachtet werden. Die Störmanöver aus dem Unbewussten gehen so lange, bis es vom rational und analytisch agierenden Ich – und meist gegen seinen anfänglichen Widerstand – in die Ganzheit der eigenen Lebensgestalt aufgenommen ist. Zuerst hilft womöglich ein Ritus, ein Bild, eine Geste, eine Gewohnheit, die das Gefühl wecken, doch tiefer als am Trauma *wirklich* am Leben dran zu sein. Vielleicht kann nun diese innere Berührung geschehen, verstanden zu sein – zuerst einmal von mir selbst, von einer Freundin, einem Freund und womöglich von Gott, dem Freund des Lebens.

Konnte die alte traumatische Überlebenserfahrung allmählich adoptiert werden, relativiert und erleichtert sie die gegenwärtige Herausforderung. Sie wurde über die persönliche Erfahrung hinaus zu einer radikalen Erfahrung des Menschseins überhaupt. Ein adoptiertes Trauma wirkt befriedend auf die eigene Person und solidarisierend zur Mitwelt, zur Menschheit und zur Schöpfung hin. Als einer unter anderen finde ich mich dann vor. Und erst in der Beziehung zu anderen erkenne ich mich wirklich als einen anderen. Am Anfang war der Bruch. Erst als Herausgeborener aus dem ursprünglichen Einssein erkenne ich mich allmählich als einen anderen. Nur als dieser andere kann ich *mit anderen* und *für andere* da sein. Ich merke: Treue und Differenz gehören zusammen. In der Differenz unterscheidet sich die Treue zu mir von der Treue zum anderen. Diese Wahrheit ist nicht abstrakt. Sie ist keine Ideologie, auch keine religiöse. Solch existenzielle „Wahrheit ist dem Menschen zumutbar“[3]. Die lebendige Wahrheit ist ein Weg, den es zu gehen gilt. Verwundbar. Christ*innen eröffnet sich hier die Möglichkeit, Christus als Lebensgefährten, als inneren Anführer und Wegöffner zu erkennen, der zu sich einlädt: „Ich bin der Weg und die Wahrheit und das Leben“ (Joh 14,6).

Ich habe keinen Zugriff auf diese tiefste, grundlegende Wahrheit, auf den Ursprung des Lebens und auf den Ursprung meines Glaubens. Die Fruchtblase ist leer. Das Grab ist leer. Der ehemals Tote in mir ist unbändig lebendig und entzieht sich jedem Zugriff. In dem Moment, in dem ich ihn identifiziere und festhalte, entschwindet er. Er lädt mich ein, als Ihm-Verbundener meinen Selbststand zu finden. Geprägt durch meine einmalige, begrenzte Biographie bin ich herausgefordert, mich der stillen Führung des göttlichen Geistes in mir und zwischen anderen und mir anzuvertrauen.

So kann die erniedrigende Erfahrung von Schwachheit und Ohnmacht in mir zum Humus werden, aus dem heraus sich Ungeahntes entwickeln und wachsen kann. Das ist es, was Theolog*innen Gnade nennen. Eine nicht planbare, nicht herstellbare, unverfügbare Neuheit, doch umwerfend, alles in neues Licht tauchend von einer verborgenen, unbekannten Lichtquelle her, dem Lebenszentrum, das ich einst in der Not selbstsüchtig immer wieder umkreiste, ohne es je finden und fixieren zu können.

Bruch und Berufung

Brüche können also zum Heil werden: zu einem vorübergehenden Bruch und anschließenden Aufbruch. Doch Brüche können auch zum Unheil werden, zum dauerhaften Abbruch ohne Aufbruch. Brucherfahrungen sind nie von vornherein gut oder schlecht. Die Entwicklungsmöglichkeiten sind vielfältig oder gehen gegen null. Kann ich sie ergreifen? Auch die kleine und im Augenblick einzige Chance, einen winzigen Entwicklungsschritt zu tun? Kann ich sie wahrnehmen und ergreifen? Jetzt, dieses eine Mal?

Der Bruch mit dem Bisherigen und der Aufbruch in ein unbekanntes Neues ist bei Franz von Assisi exemplarisch: Am Anfang des Aufbruchs steht bei ihm keineswegs schon eine geistliche Orientierung. Als junger Mensch empfindet Franziskus eine zunehmende Diskrepanz zu seinem Elternhaus sowie zur bürgerlichen Gesellschaft insgesamt. Handel und Geldgeschäfte erleben in dieser Zeit einen bislang ungekannten Aufschwung. Schon die Umstände seiner Namensgebung sind vermutlich davon geprägt. Während seiner Geburt ist der Vater viele Wochen geschäftlich in Frankreich unterwegs. Er setzt dann, als er wieder heimgekommen war, gegen den Willen seiner Frau, die in seiner Abwesenheit dem Neugeborenen den Namen Johannes gab, den Namen Franziskus – vermutlich mit Bezug auf sein geliebtes Frankreich – durch. Bereits hier bei der Namensgebung begegnen einander widerstreitende Kräfte.

Als Heranwachsender setzt er sich deutlich von seinen Eltern ab. Einerseits profitiert er von ihrem Reichtum und kleidet sich in den kostbaren Stoffen des elterlichen Hauses. Andererseits verachtet er das Geld und verteilt es mit offenen Händen – doch keineswegs wie später an die Armen, sondern aus einem anscheinend aufgebrochenen Lebenshunger heraus einfach wahllos.

Das von Franziskus erfahrene Normensystem war zusätzlich durch die massiven Konflikte zwischen Bürgertum und Adel erschüttert. Die Erfolgsgeschichte seines an Geld und Reichtum orientierten Vaters widersprach der bestehenden, vom Adel bestimmten Gesellschaftsordnung. Seine Jugendjahre scheinen bis zu seiner Bekehrung im Alter von etwa 25 Jahren mehr von diesen widerstreitenden gesellschaftlichen Kräften als von ausdrücklich religiösen Motiven geprägt. Ein traumatischer Einbruch bedeutet vermutlich die Gefangenschaft im Verlauf der gewaltsamen Kämpfe zwischen den rivalisierenden Städten Perugia und Assisi. Etwa ein Jahr lang sitzt er im Gefängnis. Vielleicht hat hier die Kränklichkeit ihren Ursprung, unter der Franziskus sein Leben lang leidet. Diese davongetragene Kränklichkeit hat womöglich mehr noch als die Kriegsgefangenschaft seine Welt- und Selbstsicht verändert. Durch diese Erfahrung sowie die der Verirrung seiner jugendlichen Leidenschaften schaut er kritischer auf sich selbst und die Welt und nimmt deutlicher ihre Schattenseiten wahr: „Als er dann schon ein wenig genesen war und zur Wiedererlangung seiner Gesundheit, auf einen Stock gestützt, die ersten Gehversuche durch das Haus machte, ging er eines Tages ins Freie und betrachtete nachdenklich die umliegende Landschaft. Aber die Schönheit der Flur und der Liebreiz der Weinberge und was es sonst noch zum Sehen Schönes gibt – an nichts konnte er sich freuen. Er musste deshalb nur staunen über die plötzliche Wandlung, die in ihm vorgegangen war und die Liebhaber der alten eitlen Freuden für große Toren halten" (1 C 3, FQ 201f).

Trotz seines Aufbäumens gegen das Normensystem des Elternhauses hatte es ihn immer noch getragen und aufgefangen. Nach den Erfahrungen von Gefangenschaft und Krankheit scheint dieser bei allen Ausbruchsversuchen selbstverständliche Rückzugsraum noch tiefere Risse bekommen zu haben. Eine religiöse Deutung scheint er diesen Erfahrungen immer noch nicht zu geben. Franz beginnt schlichtweg, so ist zu lesen, Dinge zu denken, die dem Gewohnten unähnlich sind.[4]

Die Umkehr des jungen Franz wird häufig – auch von ihm selbst – in *einem* Ereignis fokussiert: der Begegnung mit dem Aussätzigen. Doch persönlich-biographische, gesellschaftlich-politische und hintergründig religiöse Erfahrungen scheinen im 20- bis 25-jährigen Franz ineinandergespielt zu haben. So hat sich vermutlich die Durchbruchserfahrung in der Berührung mit dem Unberührbaren vorbereitet. Genau besehen ist hier davon die Rede, dass Gott ihn zu dem Aussätzigen hinführt. Nach eigener Aussage begegnet er in ihm noch nicht ausdrücklich Christus. Sondern wider Erwarten erfährt er plötzlich eine Wandlung des Bitteren „in Süße". Vielleicht weil ihm untergründig Vertrautes begegnet – nämlich sein eigenes Sich-ausgesetzt- und Fremd-Fühlen in Familie und Gesellschaft.

Wer im Leben eine tiefe Brucherfahrung machte, selbst wenn sie kaum mehr präsent ist, spürt unbewusst ein Hingezogensein und eine Nähe zu dieser existenziellen Erfahrung bei anderen. Das gewohnte Herkunftsmilieu wird einem solchen Menschen leicht zu eng und erscheint ihm irgendwie unwirklich, unecht, oberflächlich. Mit der Brüchigkeit der eigenen Existenz Vertraute fühlen sich hingezogen zu einem Leben sozusagen an den gesellschaftlichen Abbruchkanten entlang. Manche werden so zu Lebenskünstler*innen, andere zu Einsatzfreudigen für gebrochene Existenzen, wieder andere zu kontemplativen Gott Suchenden. Andere stürzen ab, wie es schon den ersten Wüstenmönchen widerfuhr und seit ihnen Unzähligen.

Fühlt sich Franziskus, der innerlich mit seinem Herkunftsmilieu gebrochen und den der Vater vor die Tür gesetzt hat, den unfreiwillig im Milieubruch lebenden Aussätzigen schon rein intuitiv verbunden? Aus der einsam erlittenen Bitterkeit, der eigenen wie der fremden, wird eine zutiefst menschliche Verbindung, die „süß" erscheint, belebend und befreiend. Er und Klara verlassen schließlich die Oberstadt, das heißt die Oberschicht von Assisi, in der sie aufgewachsen sind, und ziehen in die Unterstadt zu den *minores*, den Kleinen.

Als Student der Theologie sagte ich gerne mit einem Lächeln, dass ich *das Leben studiere*. Und dass ich studieren wolle, wie das ginge: *mit dem zu leben, der mit allen lebt*. Als es mir als Student mehr und mehr gelang, mit den Mustern meines alten Milieus zu brechen, war dies nicht selten konfliktreich. Das Milieu, kaum reflektiert und hinterfragt, galt als selbstverständliches Ordnungsgefüge, das mein Leben schützen und formen sollte. Dies galt quasi absolut. Relativierungen gab es nur in begrenztem Umfang. Das Spielen mit Freunden in einer Rockband zum Beispiel wurde hingenommen. Was wir dort allerdings an neuen

Verhaltensmustern und Werten einübten, durfte die überlieferten Werte und Muster nicht stören. Wir kultivierten eine soziale Vision für unser zukünftiges Leben, wollten eine gerechtere Welt und uns dafür radikal einsetzen. Doch dies galt es noch weitgehend *undercover*, also mehr oder weniger unentdeckt, zu leben. Wir sollten möglichst gute Schulnoten bringen und einmal einen „vernünftigen“ Beruf erlernen. Auch dieses Muster, in das man uns zwängte, brachen wir. Nicht ohne eine gewisse pubertierende Naivität. All diese Überlegungen und Widerständigkeiten waren in ihrer Motivation durchaus religiös eingefärbt, doch nicht in entscheidender Weise. Unsere Widerständigkeit hatte für uns zuerst eine innere, existenzielle Folgerichtigkeit. Vielleicht war es der erste Keim eines gleichsam noch kirchenfreien, universalen Glaubens. Eines Glaubens an die mögliche Entfaltung des Guten im Menschen und in der Gesellschaft. Wohl äußerlich ein wenig in der Kirche verwurzelt, fühlten wir uns jedoch mehr universal menschlich und mit der Schöpfung verbunden.

Je mehr die Begeisterung für das unerhört Neue und seine Weite wuchs, umso entschiedener wurde der ausdrückliche Wille, mit dem äußeren Herkunftsmilieu und seinen internalisierten Mustern zu brechen. Ähnlich wie Franziskus noch nutznießend ins alte System verwoben und zugleich sich in vorgetäuschter Selbstständigkeit aus ihm herausbewegend. Im Brechen mit dem Alten wurde das Leben faszinierender denn je. Es schien nicht mehr vorgeformt und genormt sein zu müssen. Doch die bloße Sehnsucht nach einem besseren Leben reichte uns nicht. Es mussten eindeutig die alten Muster gebrochen und aufgegeben werden. Wie sollte ein Mensch überzeugend das Neue wollen, ohne dabei aufzuhören, sich ans Alte und fraglos Bewährte zu klammern? Wenn wir in der Bibel Berufungsgeschichten lesen, stellen wir fest: Die Berufung zu einem neuen Weg geht nie ohne einen Bruch mit dem alten Weg. Das Neue wächst aus der Durchkreuzung und Weiterentwicklung des Alten. „Das Alte ist vergangen, Neues ist geworden“ (2 Kor 5,17). Wenn wir das Leben lieben und es wach leben, kann es sich durch Brüche hindurch in die Entfaltungen ungeahnter, ja bislang abgewehrter Möglichkeiten entwickeln. Dies endet wohl erst in der Unverfügbarkeit unseres letzten Aufgebrochenwerdens und ultimativen Anfangs im Sterben. Wird es ein Untergang und ein Aufgang in Gott sein?

Seelische und spirituelle Ermüdungsbrüche

Anders als klassische *Knochenbrüche* entstehen Ermüdungsbrüche nicht durch ein einzelnes traumatisches Ereignis, zum Beispiel einen Sturz. Solche Brüche entstehen langsam aufgrund wiederkehrender Überlastung an einer besonderen Stelle – zum Beispiel im Mittelfuß durch übermäßiges Laufen, Tanzen oder Wandern.

Diesen vergleichbar gibt es auch seelische Ermüdungsbrüche – z. B. durch jahrelange, oft jahrzehntelange, einseitige Belastung in einer Beziehung, in einem Verzicht, in einer lieblosen Härte gegen sich selbst. Dafür scheinen besonders Frauen und Menschen in sozialen Berufen anfällig zu sein. Wer sensibel ist, entdeckt nicht nur, dass das Leben schön ist. Sensible Menschen sehen und spüren Leid, wo andere nicht das Geringste davon ahnen. Oft sind es sogar hochsensible Menschen. Für diese ist bezeichnend, dass sie nicht nur mehr wahrnehmen als andere. Zudem müssen sie die vielen aufgenommenen Reize intensiver und längerdauernd verarbeiten. Sie sind darum keineswegs bessere Menschen. Aber sie besitzen und benötigen nicht selten mehr Kraft, die Brüche und Leiden von Menschen anzunehmen, mitzufühlen und zu lindern.

Ein jahrelanges Leben an den inneren Krafträndern entlang kann dann eines Tages – scheinbar überraschend – zum Einbruch durch Ermüdung führen. Da hat eine Mutter sich jahrzehntelang nach altem Rollenmuster emotional für die Familie „aufgeopfert". Sich selbst hat sie permanent zurückgestellt. Das war nach all den Jahren längst keine bewusste Entscheidung mehr, sondern glich einem festen und engen Verhaltensmuster, ja einem inneren Zwang. Ein anderer Lebensentwurf war ihr nicht einmal vorstellbar, geschweige denn umsetzbar.

Es gibt diese falsch verstandene, starre, zwanghafte Treue, die schließlich den Bruch provoziert. So furchtbar der Zusammenbruch der bisherigen Lebensgestalt dann auch sein mag, er ist notwendig und der einzige Weg zu einer Heilung und Erneuerung, zu einer freieren Lebensgestalt. Nicht selten gibt es bei hochengagierten Menschen eine Art von „selbstlosem Egoismus". Da lebt ein Mensch ganz auf andere hin ausgerichtet. Er selbst nimmt sich augenscheinlich nicht wichtig – und doch muss alles von ihm beobachtet und bewertet werden und ist nur nach *seinen* Vorstellungen gut für die anderen. Hinter solch übermäßiger Sorge verbirgt sich nicht selten ein – wenn auch noch so „gut gemeinter" – Kontrollzwang. Ein „selbstloser Egoismus" kann in der Regel nur gewaltsam durch einen psychischen und/oder physischen Einbruch aufgebrochen werden. Ein selbstlos getarnter Egoismus muss früher oder später in sich zusammenbrechen. Das fühlt sich elend an, wie ein plötzliches Leben in der Fremde, im Ausland, im E-lend (vom Mittelhochdeutschen ellende = anderes Land). Doch nur durch dieses Sterben hindurch kann eine neue Lebensgestalt wachsen. Womöglich angeregt durch einen nicht mehr für möglich gehaltenen, tief berührenden Zuspruch: *„Ja, Gott hat dich gerufen als verlassene, bekümmerte Frau“* (Jes 54,6). *„Nicht länger nennt man dich die Verlassene, und dein Land nicht mehr das Ödland. Du wirst jetzt heißen: Ich habe Gefallen an dir und dein Land wird Vermählte genannt“* (Jes 62,4). Die Isolation des „selbstlosen Egoismus“ ist obsolet geworden. Es findet eine neue Vermählung mit dem gegenwärtigen, echten Leben statt, dem eigenen zuerst.

Ähnlich wie in seelisch-sozialen Beziehungen kann unsere spirituelle Spannkraft unerwartet in sich zusammenfallen. Vielleicht plötzlich, zeitlich genau bestimmbar. Vielleicht schleichend über Wochen, Monate und Jahre hinweg. Es ist das unerwartete Geschenk, die nüchterne Gnade eines neuen Hin-Sehens und Tiefer-Sehens. Und eines Sich-ehrlich-Befragens: Was ist da noch, wo einmal lebenswichtige Resonanz war, menschliche Resonanz, göttliche Resonanz? Kein Gefühl mehr, kein inspirierender Gedanke mehr. Nur Ödland. Trockenheit. Spirituelle Leere und Langeweile. War da je etwas? War vielleicht alles Einbildung? Die Fragen gehen tief und tiefer. Ich kann sie endlos vorantreiben, wie Arbeiter einen Stollen in ein dunkles Bergmassiv treiben. Doch ich finde keine Antwort. Oder: Ist keine Antwort die Antwort? Wenn da keine spezielle, womöglich gefällige Antwort ist – birgt und verbirgt vielleicht die jetzige Situation, das Leben als Ganzes die Antwort auf mein Fragen? Muss ich mich einfach nur der nüchternen Realität stellen, um die Antwort zu finden, indem ich sie gebe?

Ich kann selbst mit Gott, dem Geheimnis meines und allen Lebens, in einer etablierten, flachen Beziehung dahinleben. Er gehört dann zu meinem Leben wie meine CD-Sammlung oder meine Lieblingsbücher. Kann das auf Dauer gutgehen, mich mit echtem Leben erfüllen und verändern? Ist nicht auch hier der Bruch, diese bittere Erfahrung, nötig, um etwas Neues anfangen zu lassen, damit ich wieder weiterwachse? Um zu merken, dass mein geliebter und gewohnter Echoraum noch lange nicht das mir offenstehende Leben ist? Dass mein Leben – auch mein Leben in Gott und mit Gott – unendlich viel mehr ist, als ich mir gedacht habe und jemals werde denken können? Auch hier kann die verunsichernde und bedrückende Erfahrung eines Ermüdungsbruches schließlich zu einer Glückserfahrung hinführen. Sie wird ein Anstoß zum Aufbrechen, zum Mich-öffnen-Lassen in eine neue Weite und Tiefe des Lebens hinein, die ich nicht kenne und die ich niemals ganz kennen kann. Aber diese geheimnisvolle Lebensfreundin, dieser unerkannte innere Meister zieht mich und drängt mich über mich hinaus. Unmerkbar zärtlich, aber unerbittlich wie das Leben selbst. Mir wird eine unerwartete, völlig neue Freude geschenkt: die an der Tiefe und Weite des Lebens, in der Begrenzung und Verbundenheit meines Lebens. Mir kommt die Erfahrung des Trappistenmönches Thomas Merton in den Sinn: Als er einmal die strenge Klausur seines Klosters verließ, überwältigte ihn mitten in der Einkaufspassage von Louisville unter fremden, dahineilenden Menschen ein Glück, das er kaum in Worte fassen konnte: das Glück, einer von allen, ein Mensch unter Menschen und mit allen in der Tiefe verbunden zu sein. Es ist die Freude einer universalen, unbeschränkbaren Verbundenheit mit allem Leben und Sein. Mein jugendlich-vorwitziges Wort *„Ich lebe mit dem, der mit allen lebt"* – es wurde für mich in Fabrik und Brennpunkt nach Jahrzehnten auf eine ähnlich überraschende Weise wahr.

Der Mystiker Johannes Tauler hat solche Durchbruchserfahrung sehr einprägsam ins Bild gebracht: „Wenn die Schlange merkt, dass sie alt und runzlig wird und zu stinken beginnt, so sucht sie eine Stelle, an der zwei Steine beieinander liegen, und zwischen diesen schiebt sie sich ganz genau hindurch, so dass sie die alte Haut ganz abstreift; darunter ist eine neue gewachsen. Ganz ebenso soll der Mensch mit seiner alten Haut verfahren, das heißt mit alledem, was er von Natur besitzt, wie groß oder gut es auch immer sei; denn es ist sicher alt geworden und hat in Wahrheit Gebrechen, es sei denn, dass es durch zwei solche beieinander liegende Steine gezogen werde."[5]

Die alte Haut gab Sicherheit. Sie war vertraut, machte aber auch hart und unbeweglich. Häutung ist unangenehm, aber von Zeit zu Zeit notwendig. Ich muss Altes abstreifen, manchmal mit Kraft und Entschiedenheit wie im Beispiel der Schlange. Meistens wird es mir genommen, auch wenn ich mich – bewusst oder unbewusst – lange dagegen gesträubt habe. Wenn die alte Haut weg ist, fühle ich mich nackt. Ich weiß noch kaum um die neue Haut, die zart schon da ist. Ich bin noch unsicher, ängstlich, leicht angreifbar und verletzbar. Ich brauche Zeit. Wirklich Neues wächst nicht durch äußeren Druck, sondern durch inneren Drang. Nur dann ist das Neue nicht fremdgesteuert, sondern echt und tragfähig. Dann kann sich ereignen, was Dichter*innen und Denker*innen, Lebenskünstler*innen und Motivationstrainer*innen ‚Inspiration' nennen: Einatmen frischen Atems und eines neuen Lebensgeistes für eine neue Lebensetappe.

Das bleibt die entscheidende Frage in der Krise: In welche Richtung richte ich mich aus? Richtung Ende oder Richtung Neuanfang? Diese Entscheidung kann mir keiner abnehmen. Sie liegt ganz bei mir.

2. Anfänge

„Das Licht leuchtet *in* der Finsternis"

Eines Tages hörte ich dieses so abgenutzte Wort aus dem Johannesevangelium (1,5) ganz neu. Nie hatte ich wirklich in dieses Wort hineingehört. Aber jetzt nach Jahrzehnten des Überhörens war da die Erfahrung eines durchbrechenden Lichtes: Das Licht leuchtet nicht *über* der Finsternis, nicht *daneben*, nicht *darunter* – das Licht leuchtet *in* der Finsternis. Ich kann es finden, wenn ich mich an die Finsternis herantraue, in sie hinein- und durch sie hindurchgehe. Kein ungefährlicher Weg, der der Begleitung bedarf – in Gebet und Gespräch.

Resonanzraum und Korridor in dunkler Nacht

In dem Augenblick, wenn ich durch einen schlimmen Verlust eine im wahrsten Sinne einschneidende Erfahrung mache, bin ich hellwach, angespannt und kontrolliert. Ich bin in einem Schockzustand. Gefühle haben jetzt kaum Raum, um wahrgenommen zu werden. Das überfallartig Hereingebrochene benötigt meine ganze Aufmerksamkeit. Ganz grob muss ich mich fürs Erste neu verorten und äußerlich wie innerlich orientieren – in dieser Not, diesem Verlust, diesem Wissen um eine schwere Erkrankung. Das ist wichtig und angemessen so.

Doch die zurückgedrängten Gefühle von Angst, Traurigkeit oder Auflehnung sind nicht verschwunden. Verborgen bleiben sie da. Sie wirken im seelischen Untergrund. Nicht selten geraten Betroffene erst zeitversetzt in ein Gedanken- und Gefühlschaos. Wo bin ich jetzt eigentlich dran? Ich kenne mich bei mir selbst nicht mehr aus. Wie kann mein Leben noch weitergehen? Ich weiß nur: So wie bisher nicht! Aber wie denn? Da fehlt noch jede Perspektive.

Oft erst eine gewisse Zeit *nach* dem Trauma fühlt sich der Mensch am Nullpunkt, wie auf null zurückversetzt. (Auch wenn vieles im Leben äußerlich so bleibt wie zuvor.) Ich habe den Sinn für das Ganze des Lebens verloren. Alle Aufmerksamkeit fordert jetzt diese eine seelische Wunde mit ihren zurückgedrängten Gefühlen. Zugleich ist mein Beten, selbst wenn es mir bisher kostbar wie mein Lebensatem war, erkaltet, ausgedörrt, wie tot. Bei tiefgläubigen Menschen mag dies die Empfindung, an einen Nullpunkt abgestürzt zu sein, sogar noch verstärken. Selbst Gott ist verschwunden, auch bei ihm und auf ihn hin – keine Resonanz mehr. Null Orientierung, null Perspektive, nur noch enorme Kraftlosigkeit. Dies können Signale einer beginnenden Depression sein. Oder einer spirituellen Nachterfahrung des Gottesverlustes und der Gottverlassenheit, wie sie im Leiden Jesus selbst und viele Mystikerinnen und Mystiker durchlebt haben. Oder beides, schwer unterscheidbar, ineinander verwoben. Offensichtlich ist dem Menschen die Erfahrung des Nullpunktes so unsagbar wie die annähernde Erfahrung des Göttlichen. „Wir sind uns einig, der Nullpunkt und ich, dass man über ihn selbst nicht sprechen kann, höchstens drumherum.“[6]

Doch gerade jetzt bin ich herausgefordert, trotz dieser Öde und Trockenheit an den gesunden, bewährten Strukturen meines alltäglichen Lebens so weit wie möglich festzuhalten. Ein angemessenes Maß im Schlafen, Essen und Trinken, in Bewegung, Beziehungen und Gebetszeiten ist jetzt sehr wichtig. Und jetzt gilt: Wenn ich mich elend fühle, bin ich aufgefordert, mich respektvoll und liebevoll mir selbst zuzuwenden. In dieser anfänglichen Selbstwahrnehmung und Selbsterkenntnis wird es wichtig, meine Gedanken von meinen Gefühlen zu unterscheiden. Ich lasse meinen Gedanken und Gefühlen eine unterschiedliche „Behandlung" zukommen: Sorgen- und Angstfantasien behandle ich wie dahinziehende Wolken, ich lasse sie ziehen, hänge mich nicht an sie. Meinen Gefühlen der Verunsicherung, der Schwachheit, der Angst aber wende ich mich liebevoll zu, gehe in Kontakt mit ihnen. Der Wüstenmönch Evagrius Ponticus empfiehlt eine Art inneres Psychodrama: Ein Teil der Seele wendet sich tröstend dem anderen Teil der Seele zu, der in Not und ohne Trost ist. So wie es der Beter oder die Beterin in Psalm 42 tut, das im Grunde kein Gebet, sondern ein Ausdruck eines heilsamen Selbstmitgefühls im Licht Gottes ist: „Meine Seele, warum bist du betrübt und so unruhig in mir? Harre auf Gott; denn ich werde ihm noch danken, meinem Gott und Retter, auf den ich schaue" (Ps 42,6).

Und dieser Gott, auf den ich harre, nach dem ich mich ausstrecke – er kommt mir nicht von außen entgegen – der lebendige, nicht bloß gedachte Gott kommt mir von innen nach außen entgegen. Er ist nicht weit weg zu finden. Er ist mir näher, als ich mir selbst, wie schon Augustinus erfuhr. Auch im Menschen und in der Schöpfung, auch da kommt er mir von innen nach außen entgegen. Diese Richtungsänderung meines Tastens und Suchens ist jetzt entscheidend. Ich muss mich umkehren und einkehren in den Lebensgrund, von dem die Mystiker*innen sagen, dass in seiner unauslotbaren Tiefe göttliches und menschliches Leben eins sind. Da wohnt Christus, in dem Gott und Mensch eins sind, im Dunkel meines Nichterkennens und meines Nichterfahrens. Jetzt geht mir auf: Das Wort Jesu, das ich immer auf andere hin verstanden habe, meint auch mich selbst: „Was du einem der Schwächsten getan hast, das hast du mir getan. – Was du einem der Schwächsten nicht getan hast, das hast du mir nicht getan" (vgl. Mt 25,40.45).

Am existenziellen und spirituellen Nullpunkt angekommen, kann ich mich entscheiden: Ich kann den Weg des inneren und äußeren Aktivismus wählen, soweit dies von den eigenen Kräften her überhaupt möglich ist, oder in passiver Lähmung verharren. Ich könnte aber auch „die enge Tür" (Lk 13,24) wählen, die ins Leben führt: mich üben in Selbstmitgefühl, mich meiner Schwäche annehmen und mich in meiner Schwäche lieben, so wie ich mich so oft der Schwäche anderer angenommen und sie geliebt habe. Das ist etwas ganz anderes als Selbstmitleid. Selbstmitgefühl sieht und fühlt genau hin, möglichst klar und nüchtern und wärmend zugleich. Ich lasse mich, den Verstandesmenschen, vom Kopf herab zu mir selbst, werde kleiner, demütiger, geerdeter und ehrlicher zu mir. So entsteht in meiner inneren Öde ein Resonanzraum. Ein heiliger Atemraum und Lebensraum. „Wisst ihr nicht", rüttelt uns Paulus wach, „wisst ihr nicht, dass ihr Gottes Tempel seid …!?" (1 Kor 3,16). Unser Leib ist ein sakraler Raum. Darin spricht sich Gott und spricht sich der Mensch aus. Er ist Gottes und des Menschen Ursprache. Hier wird Gott menschlich und hier wird der Mensch göttlich.

Da entdecke ich in mir eine Verbindung zu mehr als zu mir selbst. Ich ahne einen in mir verborgenen Grund, der mein Leben trägt und mich mit allem Leben verbindet, unsichtbar wie das Grundwasser. Lebenstiefe und Glaubenstiefe gründen in solch leiser Beziehungsahnung, die hier und da sogar zur Gewissheit werden kann. Es ist eine Ahnung, eine Gewissheit, die mich dankbar und demütig werden lässt. Denn ich konnte sie weder wollen noch wissen noch haben (so Meister Eckhart in seiner Armutspredigt). So arm war ich dran. Und da wächst gegen allen oberflächlichen Augenschein eine leise Lebensfreude in meinem Schwach- und Arm-dran-Sein. Aus dem erfahrenen Nichts entwickelt sich ein zuerst noch hauchdünner Lebensfaden. Ich hüte und unterstütze ihn. Da wird er kräftiger und tragfähiger. Er wird zum roten Faden im bodenlosen Labyrinth, im unverhofften Korridor zum Licht in dunkler Nacht.

Dies macht meine schwierige Situation so bedeutsam: Hier, in der Nichterfahrung göttlicher Gegenwart, stehe ich an einem Scheideweg: Sackgasse oder Korridor? Ich kann meine enttäuschte Hoffnung auf Gottes belebende Kraft aufgeben und mich meiner Enttäuschung hingeben. Ich kann aber auch im Dunkel meiner Ohnmachts- und Verlassenheitsgefühle (nichts mehr wollend, nichts mehr wissend, nichts mehr habend) ins ebenso dunkle Geheimnis göttlicher Gegenwart ausgerichtet bleiben. Es ist ein Beten mit geschlossenen Augen – ich sehe ins Dunkel hinein. Es ist, als beträte ich ein dunkles Zimmer: „‚Hallo? Ist da jemand?' Nichts ist zu sehen. Ich lausche – nichts zu hören. Kein Laut. Meine Stimme durchdringt die Stille. Ich taste die Wände entlang. Niemand. Nichts. Ich horche auf das Huschen leiser Schritte. Ich höre keines und weiß doch – da ist jemand! Wie ein Mantel legt sich die Stille um mich. ‚So antworten Sie doch!', schreie ich ins Schweigen. Es wird unheimlich. Das Zimmer ist doch leer! Aber die Leere ist irgendwie voll – voll von einem DA, voll von nichts als diesem DA! – Ich mache Licht: Das Zimmer ist leer. Ich weiß es ja! Alles normal: der Tisch an seinem Platz, das Bild an der Wand, nichts verändert und doch alles anders. Denn das DA ist immer noch da, und es ist stark. Und es bleibt mir und wird mir wie jemand, der mit mir geht. Ich habe angefangen, mit ihm zu sprechen …"[7]

Im Dunkeln lerne ich, Gott zu vermissen. Nur *wen* ich vermisse, den liebe ich. Nur *wenn* ich Gott auch vermissen kann, liebe ich ihn. Dann atmet und betet es in mir: „Als einer, der fehlt, bist du da …"

Neu und nackt

Brüche sind also nicht bloß Nullpunkte in dunkler Nacht. An Bruchstellen ereignen sich oft Anfänge eines jetzt erst möglichen Wachstumsprozesses. Es gibt kein Wachsen und Neu-zur-Welt-Kommen ohne Geburtswehen. Und Wehen sind keine Krankheit. Es schmerzt so sehr, weil bislang sinnvolle Formen und Normen aufgebrochen werden müssen, um weiterzuwachsen. Im Rückblick kann das Leid eines schlimmen Verlustes darum als sinnvoll, ja als unumgänglich für die weitere Persönlichkeitsentwicklung erscheinen. In einer Lebenskrise kommt die Wahrheit ans Licht: „So kann ich nicht weiterleben. Da will etwas zu Ende gehen und sterben. Etwas Neues will zur Welt kommen." Wir bezeichnen die Wahrheit gern als nackte Wahrheit. Der Mensch – am Anfang wie am Ende seines Lebens – ist nackt. Leben ist Geboren-Werden. Leben ist ein beständiges Sterben und Neu-geboren-Werden. Der jüdische Schriftsteller Franz Kafka notierte vermutlich in einer seiner großen Krisen, aus denen sich sein Leben formte:

> „Vor dem Betreten des Allerheiligsten musst du die Schuhe ausziehen, aber nicht nur die Schuhe, sondern alles, Reisekleid und Gepäck, und darunter die Nacktheit, und alles, was unter der Nacktheit ist, und alles, was sich unter dieser verbirgt, und dann den Kern und den Kern des Kerns, und dann das Übrige und dann den Rest und dann noch den Schein des unvergänglichen Feuers. Erst das Feuer selbst wird vom Allerheiligsten aufgesogen und lässt sich von ihm aufsaugen, keines von beidem kann widerstehen."[8]

Das gerade in der Krise aufgebrochene Leben, das frisch in die Welt Hineingeboren-Sein braucht Schutz. Denn es ist nackt. Es ist verletzlich und gefährdet. Es liegt bloß. Eingriffe und Übergriffe – und seien sie noch so gut gemeint – sind Unrecht, sind Gift. Doch eine Nähe, die freigibt und unterstützt, die wird jetzt unendlich kostbar. Darum heißt es im biblischen Buch Tobit (5,3): „Such dir eine Begleiterin oder einen Begleiter und mach dich auf die Reise." Bleib also nicht allein. Nimm dich ernst und suche einen Menschen, der nicht billig tröstet, sondern dich wohlwollend ansieht und in einem klaren Gegenüber begleitet.

Das Neue – nach dem meist unfreiwilligen Abbruch des Alten – kann nicht anders beginnen als mit der Bekehrung zur eigenen Kleinheit, zur letzten Nacktheit, die sich unverkleidet der verborgenen Heiligkeit des Lebens anvertraut. Von uns selbst als Egos, als isolierte Wesen, können wir gar nicht klein genug denken; vom göttlichen Leben her können wir gar nicht groß genug von uns denken. Die eigene Nichtigkeit und das göttliche Wunder des eigenen Daseins sind die beiden Seiten der einen Medaille des wahren, echten Lebens.

Franziskus sprach von seinem Leib als von einer Zelle, einer Mönchszelle: „Wo auch immer wir sind, wohin auch immer wir gehen, nehmen wir unsere Zelle mit. Unser Bruder Leib ist unsere Zelle, und unsere Seele ist der Eremit, der in der Zelle lebt. Wenn unsere Seele in dieser Zelle nicht in Frieden und Einsamkeit lebt, was sollen wir dann …?“ (Per 108, FQ 1191). Die geheimnisvolle göttliche Transzendenz ist im Materiellen zuhause, tief in der Immanenz und unendlich darüber hinaus.

Ich bin mir selbst der erste Verantwortungsbereich, den ich nicht überspringen darf. Zumindest nicht über eine längere Zeit. Hier habe ich selbst die Regie zu übernehmen – nach meiner Einsicht und im Licht göttlicher Gegenwart. So wird verständlich, was dem gängigen Franziskus-Bild widerspricht: Er lebte einen Großteil seiner bewegten Zeit nicht in der Gemeinschaft der Brüder, sondern in Einsiedeleien und allein unterwegs. So innerlich frei Franziskus offensichtlich war, so innerlich gesammelt war er auch. Nicht aus dem ausgiebigen und wortreichen Zusammensein mit anderen, nein, vom Brennpunkt seiner inneren Sammlung her entwickelte sich seine enorme Wirkung ins gesellschaftliche und kirchliche Leben hinein. Echtes geistliches Leben fängt innen und unten an – in der zugelassenen Erfahrung der Kleinheit und Begrenztheit des eigenen Lebens. Nicht mit religiösen Vorstellungen und Ritualen. Es geht uns da nicht anders als dem Kind in der Krippe.

Anfängergeist[9]

„Nichts ist erledigt", meint der politische Karikaturist Klaus Staeck. Wache, das Leben suchende Menschen stellen nüchtern fest: „Nichts ist erledigt!" Ich habe manches erreicht, mir vieles aufgebaut. Brüche und Aufbrüche, Erfolge und Misserfolge habe ich erfahren. Doch: „Nichts ist erledigt!" Da sind in der Kirche die Bibel, die Dogmen, der Katechismus, das Kirchenrecht und doch: „Nichts ist erledigt!" Ich stehe mit meinen Erfahrungen und Einsichten immer noch oder immer wieder am Anfang.

In der offensichtlich ohnmächtigen Situation eines politischen Gefangenen fragt sich der Regimekritiker und spätere Präsident Vaclav Havel: „Wer aber soll anfangen? Verantwortung kann nicht gepredigt werden, sondern nur getragen. Man kann also nirgendwo anders anfangen als bei sich selbst. Es klingt zwar lächerlich, aber so ist es: ich muss anfangen."[10] Der Perugia-Legende zufolge soll Franziskus gelehrt haben: „Der Mensch versteht nur so viel, wie er tut" (vgl. Per 105, FQ 1185). Darin war Franziskus sein Leben lang ein Anfänger. Genau darum blieb er wohl so lebendig.

Ich fange also an. Als „blutiger" Anfänger fange ich an. Blutig, weil ich nicht bloß oberflächlich etwas anfangen will, sondern mit meinem Leben, mit meinem „Blut". Blutig vielleicht auch, weil ich gerade „mit der Nase gegen die Wand gelaufen" bin. Ich fange also an, ergreife diesen Augenblick. Unbefangen fange ich ihn. Ziemlich blind fange ich an. Sehe fast nichts. Jedenfalls noch nicht klar. Blind kam ich schon einst zur Welt. Blind fing ich zu leben an. Als Blindgeborener. Neugeborene sehen nur unscharf. Einigermaßen scharf sehen können sie nur bis maximal 40 Zentimeter, was etwa der Distanz von der Brust bis zu den Augen der Mutter entspricht. Farbnuancen erkennen sie noch nicht.

So blieb es bis heute: Am Anfang nach einem Bruch, nach dem Einbruch des Ungewollten und Unerwarteten sehe ich fast nichts. Anfangs bin ich fast blind. Ich taste mich vor. So geht Glauben. Ich vertraue ins Dunkel hinein, dann den schwach erkennbaren Schemen entlang. „Ich lerne sehen. Ich weiß nicht, woran es liegt, es geht alles tiefer in mich ein und bleibt nicht an der Stelle stehen, wo es sonst immer zu Ende war. Ich habe ein Inneres, von dem ich nicht wusste. Alles geht jetzt dorthin. Ich weiß nicht, was dort geschieht … Habe ich es schon gesagt? Ich lerne sehen. Ja, ich fange an. Es geht noch schlecht. Aber ich will meine Zeit ausnutzen."[11] So beschreibt Rilke in den „Aufzeichnungen des Malte Laurids Brigge" diese Erfahrung.

Vom Genau-Hinsehen handelt folgende, mündlich überlieferte Geschichte: Eine Oberin schickt eine ihrer Nonnen nach 25 Klosterjahren in die nahegelegene Großstadt. Als die Nonne zurückkehrt, ist sie völlig verstört. Sie klagt immer wieder: „Schlangen laufen über meinen Leib! Schlangen laufen über meinen Leib!" Kein Arzt, kein Therapeut kann ihr helfen. Schließlich schickt die Oberin sie zu einem spirituellen Meister. Der trägt ihr auf, eine Woche mit niemandem mehr über die Schlangen zu sprechen und nicht zu jammern. Stattdessen solle sie genau hinsehen, wie sich die Schlangen bewegen … von oben nach unten … von rechts nach links … oder wie auch immer. Auf jeden Fall: nicht jammern, sondern genau hinsehen! – Nach einer Woche kehrt die Nonne zurück. Sie sieht keine Schlangen mehr. Sie ist geheilt.

Je weniger ein Mensch jammert, sondern genau hinsehen lernt, desto wahrscheinlicher wird ein Ruck durch ihn hindurchgehen. Er wird – wenn auch nicht ohne Schmerzen und nicht ohne innere Arbeit – sich wandeln und weiterentwickeln können. Ebenso wird ein Mensch, der nicht jammert und genau hinsehen lernt, wacher und verändernder in gesellschaftlichen Leid- und Unrechtsituationen präsent und aktiv sein können.

Jesus ist ein Mensch, der genau hinsieht. Er sieht nicht nur in sein Inneres, seine Gottesbeziehung, sondern auch sehr wach in die Außenwelt, auf die Menschen, denen er begegnet. Er sieht z. B. den Blindgeborenen, den blinden Anfänger. Die Jünger sehen ihn auch, aber befangen. Sie haben noch nicht angefangen, wirklich hinzusehen. Sie sehen Sünde: „Wer hat gesündigt? Er selbst? Seine Eltern?" (Joh 9,2). Sie sind noch keine Seher, keine Genau-Hinseher. Sie stülpen dem Gesehenen ihre moralischen und religiösen Vorstellungen über. Ihre Vorstellungen stellen sie vor sich hin. So verstellen ihre Vorstellungen ihnen die freie Sicht. Was sie vor sich gestellt haben, sehen sie. Sie sehen, was sie sich vorstellen. Ihn selbst aber, den Blindgeborenen, sehen sie nicht. Jesus geht in Kontakt. Religiöse und moralische Gedankengebäude interessieren ihn wenig. Fruchten sie denn? Er sieht tiefer, gleichsam sakramental. Jedenfalls handelt er. Er handelt sakramental, würden wir heute sagen: Er bringt Speichel aus dem Mund des Menschen mit Erde zusammen. Fast so wie Asche am Aschermittwoch mit etwas Wasser vermischt zu feuchtem Kehricht wird, der uns eigentlich nichts angeht, denken wir. Doch die Erde, die Erdung ist wichtig, grundlegend wichtig. Und sei es die Asche verbrannter Vorstellungen und Spekulationen.

Dann widmet Jesus sich dem Blindgeborenen im Sinne der „paradoxen Intention“ des Psychologen Viktor E. Frankl. Er öffnet dem Blinden nicht gleich die Augen, so dass er wieder sieht. Nein, er verstärkt dessen Blindheit zuerst noch: Er schmiert dem Blinden mit diesem feuchten Kehricht, diesem Erde-Speichel-Gemisch die Augen vollends zu. Und spricht: „Um zu richten, bin ich in die Welt gekommen: damit die Blinden sehend und die Sehenden blind werden“ (Joh 9,39). *Aufrichtend* richten ist Jesu und Gottes Art zu richten und zu retten.

Die guten und religiös gebildeten Pharisäer hören dies und fragen empört: „Willst du etwa behaupten, dass auch wir blind sind?“ Darauf Jesus: „Wenn ihr blind wärt, hättet ihr keine Sünde. Jetzt aber sagt ihr: Wir sehen. Darum bleibt eure Sünde“ (Joh 9,39–41). Wenn ihr erkennen und eingestehen könntet, „dass auch ihr nicht alles wisst, dass auch ihr Arme seid, ‚würdet ihr ohne Sünde sein‘, würdet ihr Gott nicht abweisen“, der sich im „Unvorhergesehenen“ sehen lässt.[12]

Wenn ich anfange, glaube ich schon. Anfänglich. Ich kann unmöglich wissen, was passieren wird. Ich vertraue. Im Vertrauen und Glauben lebe ich jetzt im Anfangen – und so *in* Gott *mit* Gott! Er ist das Licht, das gerade *in* der Finsternis leuchtet.

Meist unbewusst verhalten sich religiös Selbstsichere, mit denen Jesus hart ins Gericht geht, so: „Wir sehen!“ Ob es wohl zehn Menschen auf der Welt gibt, die die Dinge so sehen, wie sie in Wirklichkeit sind? Diese zehn Menschen wären wirklich frei. Alles, was ich um meiner selbst willen, herausgelöst aus dem lebendigen Zusammenspiel liebe, macht mich blind. Ich bin dann fixiert, nicht mehr frei in dieser Verbindung. Zudem fixiere ich die anderen und mache sie unfrei. Dies trifft ebenso zu für fromme Übungen, auf die ich mich engstirnig fixiere, für ein geistliches System, für eine besondere Meditationsform, wenn ich mich ihnen in meinem Tun anvertraue und nicht Gott, der immer der je Größere und Lebendigere ist. Der Volksmund nennt es „Verhärtung im Guten". Für Jesus ist dies ein Verharren in der Sünde, in der Lüge. Wie schnell passiert es mir, dass ich als „guter Mensch" mich in meiner Selbstsicherheit auf diese Weise isoliere! Ich habe mich dann selbst der unentbehrlichen Anfragen und Einsichten der anderen aus ihrer anderen Perspektive beraubt. Auch wenn ich mit Worten das Gegenteil beteuere: Ich habe so Religion zu meiner wohl gehüteten Privatsache gemacht. Wie häufig berauben (lat. privare) „religiöse Profis" die Menschen ihrer Beteiligung in Glaubens- und Lebensfragen! Sie wissen es ja angeblich besser als der Leiharbeiter, als die Hartz-IV-Empfängerin, als der ungebildete Flüchtling. „Wir haben die Armen enteignet", bemerkte einmal der Arbeiterpriester Hermann Daniel, „wir haben ihnen das Evangelium weggenommen, das *ihnen zuerst* zugesprochen ist." Die Kirchlichen haben es – gewiss gutmeinend – sehr verkirchlicht, liturgisiert, privatisiert, den Armen weggenommen und sich allein angeeignet. So sind es schon lange nicht mehr die Kirchen, in denen am meisten gebetet wird. Mit ungezählten Menschen sind ungezählte Beterinnen und Beter ausgewandert. Sie beten nicht „kirchisch" (Reinhard Körner). Sie beten nicht liturgisch. Dieses Beten erlebten sie oft – wie Jesus – als heuchlerisch, als formal kalt oder lässig lau. Es half ihnen nicht zu Gott. Es hinderte sie zu Gott. Die Orte intensivsten Betens sind heute der Niedriglohnsektor, die Straße und die sozialen Brennpunkte, Krankenhäuser und Psychiatrien, Kreißsäle und Hospize, Kinder- und Altenheime, Gefängnisse, womöglich Schulen und Universitäten … Gewiss, es ist ein atomisiertes Beten, ein Beten in der Zerstreuung, im Exil. Ein selbstbezogenes oft auch. (Das der kirchlich Geprägten nicht?) Ja, es ist ein verarmtes und dreckiges Beten geworden, ein entblößtes. Aber könnte es gerade so, in dieser Armut, Gott nicht besonders berühren?

Auf diesem Hintergrund können wir Jesu Kritik an den Pharisäern als eine Kritik an der Professionalisierung des Glaubens verstehen. *Für* eine Ent-Professionalisierung. Nicht als Besserwisser werden Glaubende gebraucht, sondern als selber Suchende ohne Profi-Allüren. In der Gottesfrage gibt es keine Profis. Da bedürfen Theolog*innen wie Nicht-Theolog*innen der „Armut an eigenem Bescheid-Wissen" (Bischof Klaus Hemmerle) vor Gott und den Menschen. Diese Armut an Bescheid-Wissen macht uns erst anschluss- und beziehungsfähig – und so erst verkündigungsfähig. Da bin ich *nicht* mehr ein Mensch *über* den anderen, *sondern* ein Mensch *mit* und *für* die anderen.

Da geht mir ein Licht auf, das mir zuinnerst ist und doch nicht von mir ist. Klara von Assisi drückt diese Erfahrung im Bild des Spiegels aus: „Stelle Dein Denken vor den Spiegel der Ewigkeit, stelle Deine Seele in den Abglanz der Herrlichkeit, stelle Dein Herz in die göttliche Wesenheit (in die göttliche Gegenwart, GL) und forme Deine ganze Person durch die Beschauung (durch ein neues, nichtfixierendes Sehen, GL) in das Bild seiner Gottheit um …" (3 Agn, KQ 32). Dieses selbe Licht geht mir ebenso wie aus einem Spiegel vom anderen, vom Nächsten, besonders vom Armen und Kranken her auf. Dies bezeugt Franziskus: Der Arme ist ihm Spiegel für den armen Christus (vgl. Per 114, FQ 1197).

Ein Gottsucher in der Wüste lobte einst einen anderen, „dass er jeden Tag einen Anfang machte". Anfängergeist geht nicht davon aus, dass ich schon gut sehe und alleine schon alles erkenne. Ich weiß mich dem Blindgeborenen nahe und übe mich darin, bis zum letzten Atemzug *neu* sehen zu lernen und *Neues* sehen zu lernen. Ich bedarf der anderen Perspektive der anderen, mit denen und für die ich da bin. Sonst werde ich, ohne es zu merken, zum „Idioten", zu einem im Eigenen (griechisch idios) Eingeschlossenen. Stets am Anfang sein und sich dies eingestehen entspricht dem, was man früher eine Haltung der Demut nannte, eine keineswegs buckelige, sondern gut geerdete Haltung. Ich nehme mich aufrecht und meiner selbst bewusst als eine Anfängerin, als einen Anfänger wahr. Paradoxerweise kann ich genau hier die Befreiung erfahren, dass ich irgendwie schon über mich selbst und die Umstände erhoben bin.

Neu sehen lernen

Das neue Sehen im Anfängergeist ist anders als unser alltägliches Sehen. Vielleicht ist es gerade ein solch neues Sehen auf die Menschen und die Schöpfung, das seinerzeit Franziskus hinauszog aus der elterlichen Enge, aus der Welt der Ökonomie, des Produzierens und Konsumierens. Er findet einen neuen Zugang zur Wirklichkeit: von einer Ich-Es-Beziehung in eine Ich-Du-Beziehung. Dieses kontemplative, neue Sehen erfüllt ihn mit tiefer Freude an dem, was ist und wie es ist.

Dieses neue Sehen ist kein Sehen im Interesse und Bedürfnis meines engen Ich allein. Obwohl dies gerade in der Krise so naheliegt. Ja, dieses Ich benötigt seinen passenden Platz. Doch jetzt lernt das Ich zurückzutreten und zu schweigen. Ich höre jetzt auf, sehen zu *wollen*. Ich höre auf, im Sehen *besitzen* zu wollen. Was besitze ich denn? Ich verzichte darauf, *dominieren* zu wollen. Ein anderer ist der Herr! Jesus meint vermutlich auch diese neue Welt-Anschauung, wenn er mich provoziert: „Du kannst nicht mein Jünger sein, wenn du nicht auf deinen ganzen Besitz verzichtest" (vgl. Lk 14,33). Eine Lebenskrise kann mich gründlich von meinem bisherigen Besitz lösen. Doch auch hier heißt es, auf sich selbst hin wachsam zu sein: Ebenso kann meine Lebenskrise zu einem traurigen Besitz werden, mit dem ich mich wichtigmache und Zuwendung erheische. Meine Einschulung in ein anderes Sehen beginnt nicht mit einem angestrengten Willensakt, sondern mit einer Entkrampfung: Ich will im Sehen meine Lebenskrise nicht mehr in den Griff bekommen oder wahllos vor anderen ausbreiten. Ich nehme wahr und erkenne an, was und wie es im Moment ist. Ein besitzloses, freies Sehen wird mir allmählich geschenkt, ein kontemplatives Sehen. In diesem einfachen Sehen „im Geist und in der Wahrheit" (Joh 4,24) gleiche ich einem Menschen auf einem Berg, der frei und gelöst vor sich hinblickt. Sehen braucht ein gewisses Maß Nähe und ebenso ein gewisses Maß Distanz. Wenn ich zu nahe bin oder mich zu weit entfernt habe, kann ich etwas nicht mehr erkennen.

Unser Geist wird möglichst leer, nichts Bestimmtes suchend und zugleich bereit, das zu empfangen, was sich mir zeigt. So wichtig das analysierende Sehen zu anderen Zeiten ist, hier würde es mir die Sicht verstellen und echte Einsicht verhindern. Ich bliebe dann nämlich an Einzelheiten meiner schlimmen oder schönen Erfahrung hängen, blind für den Zusammenhang des Ganzen. „Was wir im Auge haben, das prägt uns, dahin kommen wir, dahinein werden wir verwandelt. Und wir kommen, wohin wir schauen.“[13] Solange ich nur Einzelnes und Endliches im Blick habe, komme ich nicht über das Einzelne und Endliche hinaus. Ich bleibe darin gefangen und vertröste mich mit dem Diesseits, mit Fragmenten. Im Schönen wie im Schweren setze ich etwas absolut. Ich löse etwas aus seinem Zusammenhang, was ohne den Zusammenhang gar nicht sein kann, weil es relativ ist, d. h. nur in Beziehung da sein kann. Ich gebe einer bestimmten, meist negativen Erfahrung eine Macht über mein Leben, die ihr gar nicht zusteht. Viele seelische Leiden (wie Phobien, Depressionen) haben hier ihren Grund. Der geheimnisvolle, nicht fixierbare Zusammenhang der einzelnen Fragmente sowie alles darüber hinaus bleibt mir dann verschlossen, und *ich* bleibe ihm verschlossen.

Dieses neue Sehen kann ich mir nicht erkämpfen. Nachdem ich meine Sicht von meinen Vorstellungen und meinem Besitzdenken freigeräumt habe – dies allerdings ist immer nötig und allein meine Aufgabe! –, kann ich dieses neue Sehen nur empfangen. Es ist eine unerwartete Gabe in der Erfahrung der „dunklen Nacht der Sinne und des Geistes“ (Johannes vom Kreuz), wo ich nichts Besonderes mehr fühle und denke. Es ist eine Erfahrung im Entzug. Sie provoziert mich zu einem nackten, puren Glauben, in dem ich mich ins Dunkel hinein Gott anvertraue, wenn die Orientierung in meiner sinnlichen und geistigen Wahrnehmung mir entschwindet. Die dunkle Nacht wird zu einer intensiven Läuterung durch die innige Verbindung zum „Geliebten“; dieser Geliebte, von dem Johannes vom Kreuz spricht und den wir vielleicht den inneren Freund oder inneren Meister nennen würden, ist deutlich von uns unterschieden, doch nie von uns getrennt. Als Möglichkeit zu Neuem und Anderem ist er treu in uns da, auch wenn wir ihn nicht beachten und seiner Einladung, über die uns beherrschende Enge und Angst in der Krise hinauszugehen, nicht folgen. Die göttliche Lebenskraft arbeitet in uns im Untergrund, meist unbemerkt. Erst im Rückblick, nach dem Vorübergehen, können wir ins Staunen geraten.

Das Nichts des Lichts

Die Theologen der frühen Kirche wussten noch: ‚theoria' (Schau, Kontemplation) und ‚theos' (Gott) sind miteinander verwandt. Sie erfuhren ihr Sehen wie die Betenden im Psalm: „In deinem Licht, du Unsichtbarer, sehen wir das Licht" (Ps 36,10). Normalerweise sehe ich auf die Wirklichkeit – und noch mehr in der Krise – so, als drehe sich alles um mich. Da bin ich noch ganz der „alte Adam" oder die „alte Eva", der alte Franziskus oder die alte Klara. Ich merke nicht, wie ich befangen in meiner ichbezogenen Sicht mich selber an der Nase herumführe. Solange ich ichbezogen die Wirklichkeit fixiere, sehe ich sie nicht so, wie sie wirklich ist. Ich komme nicht umhin, meine begrenzte Sicht zu relativieren. Doch woraufhin und wie? Im unsichtbaren, überpersönlichen Licht göttlicher Gegenwart kann ich mich in wirklichkeitsgetreuem Sehen üben. Ich kann den Vernebelungen und Verfinsterungen durch meine ichbezogene Sicht auf die Schliche kommen. Darum ist es die vorrangigste geistliche Übung, mich zu „de-zentralisieren" (Papst Franziskus), mich selbst aus der Mitte zu rücken. Erst wenn ich mich selbst aus der Mitte rücke und lerne, mich einzugliedern ins Ganze, kann ich annähernd wahrnehmen und aufnehmen, was und wie etwas wirklich ist. Ich bin und bleibe ergänzungsbedürftig durch die andere Sicht der anderen. Ohne andere und anderes gibt es keine Veränderung.

„Der Herr ist mein Licht und mein Heil" (Ps 27,1), bekannte jemand in seinem Beten. Licht ist vielleicht *das* Bild, das der göttlichen Wirklichkeit am nächsten kommt. Licht ist nicht gegenständlich fassbar. Doch *im* Licht und *nur* im Licht kann ich die Gegenstände dieser Welt sehen. Meine Augen können vollkommen gesund sein – ohne Licht sehen und erkennen sie nichts. Licht ist kein Gegenstand, kein Etwas und in diesem Sinne nichts. Über „das Licht des Nichts" dachte der katholische Religionsphilosoph Bernhard Welte intensiv nach. Das Mich-Loslassen in das Nichts des Lichts hinein ermöglicht mir das Freiwerden von den Götzen. Dieses neue Sehen geschieht in einem „nackten Nu", in „purer Präsenz" (Richard Rohr), im kontemplativen Mittendrin-da-Sein. Es ist ein nichtfixierendes, egofreies, geistiges Sehen im gegebenen Licht. Im Licht des Nicht-Etwas, des Nichts, relativiert sich alles. Alles existiert in einer nicht mehr fassbaren, umfassenden Beziehung. Alles ist aufgehoben und geborgen in diesem umfassenden Mysterium. Dies kann zur beglückenden Erfahrung des innersten Heilseins trotz Krise werden, des Ganz-Seins trotz vieler Brüche im Leben. Ganz Auge und ganz Ohr bin ich dann. Ganz hingegeben im Empfang. Ganz eins im Einen. Nur selten werde ich Blindgeborener so tief in ein neues, anderes Sehen eingeführt. Doch das genügt und trägt. Jedes Mal bin ich überrascht und stottere: „Du, mein Unsichtbarer, du in allem und in jedem Blick Gesehener."[14]

Selbst der kritische Kafka erwägt: „Es ist sehr gut denkbar, dass die Herrlichkeit des Lebens um jeden und immer in ihrer ganzen Fülle bereitliegt, aber verhängt, in der Tiefe, unsichtbar, sehr weit. Aber sie liegt dort, nicht feindselig, nicht widerwillig, nicht taub. Ruft man sie mit dem richtigen Wort, beim richtigen Namen, dann kommt sie.“[15]

Ein Riss – da kommt Licht herein!

Es gibt eine alte japanische Kunst, deren Ausgangsmaterial Fragmente sind. In ihr werden Keramik- oder Porzellanbruchstücke mit einem Lack wieder zusammengeklebt, in den feines Pulvergold eingestreut ist. Es ist die Kunst des Kintsugi, übersetzt: die Kunst der Goldverbindungen, des Goldflickens. Eine heilsame Kunst, die über sich hinausweist!

Leben ist fragil, der Mensch wie ein zerbrechliches Gefäß. Paulus kennt es aus eigener Erfahrung: vor seinem neuen Leben der Sturz und das vorübergehende Nicht-mehr-sehen-Können, dann der mehrjährige Rückzug und anschließend ungezählte Konflikte. Wiederholt schreibt er von seiner Schwachheit und Zerbrechlichkeit. Aber er weiß auch um den unendlich kostbaren Schatz, den er hütet in dem zerbrechlichen Gefäß seines Lebens. Gut, dass das Gefäß kein Panzer ist. Der wäre sicher. Doch es geht um den Schatz. Der muss durchkommen; seine verborgene Schönheit – Paulus spricht von „Herrlichkeit“ – soll durchscheinen können und ausstrahlen.

Der jüdische Künstler Leonhard Cohen lobt in einem seiner Songs den Riss, der in allem und in jedem Leben ist.

Er lobt den Bruch, den Riss, weil nur durch ihn das Licht hereinkommen und *in* der Finsternis leuchten kann. So schmerzlich das ist. Er traut sich sogar, diesen Song „Anthem", „Lobgesang" zu nennen:

„Läute die Glocken, die noch klingen.
Vergiss deine perfekte Darbietung.
Es gibt einen Riss in allen Dingen –
so kommt das Licht herein!"[16]

Dies geschieht – meist unerwartet – mitten im alltäglichen Leben: eine Begegnung, eine wachsende Freundschaft, ein unverhofftes in der Tiefe Berührt- und Verstanden-Werden, der Einbruch von etwas nicht mehr für möglich Gehaltenem. Ebenso kann dies in spiritueller Beziehung geschehen: „Das wahre Licht, das jeden Menschen erleuchtet, kam in die Welt" (Joh 1,9). Davon ist der Evangelist Johannes überzeugt. Jesus Christus, das Eins-Sein von Gottheit und Menschheit, ist Christ*innen das wahre Licht, das alle Menschen, nicht nur sie selbst erleuchten kann. Es ist in der Bildsprache der Bibel ein herabgestiegenes und immer noch herabsteigendes Licht, das sich inkarniert, ein-fleischt in die Lage des Menschen und der gesamten Schöpfung. In der Basilika von Assisi gibt es eine Bronzeskulptur, die darstellen will, wie Franz um den Heiligen Geist, den Geist Jesu bittet. Erstaunlicherweise schaut Franz ehrfurchtsvoll nach unten, zur Erde hin und öffnet sich für das Empfangen des Heiligen Geistes von unten her, aus der nicht einsehbaren Abgründigkeit des Lebens.

Als junger Mensch erahne ich dieses Licht mehr im Außen, in der mich umgebenden Welt. Und die äußere Gestalt eines vitalen jungen Menschen glänzt in diesem Licht. Mit zunehmendem Alter und durch viele Krisen hindurch schwindet der äußere, leibhaftige Glanz des Menschen. Es ist, als zöge sich das Licht ins Innere des Menschen zurück. Der äußere Glanz verschwindet – nach innen. Jetzt ist das Licht im alternden, krisengeschüttelten Menschen ein inneres Leuchten geworden, ein stilles, sanftes Licht von innen her. Im Älterwerden könnte mir diese Einsicht zur zweiten Natur werden: Dieses Lebenslicht ist immer da – als ein Licht, das mich von innen und unten her, aus der Finsternis erleuchtet. Es kommt mir entgegen aus meinem Leib und Leben wie ebenso universal aus allem, was lebt. Und hier wie dort immer von innen nach außen, wie der flämische Mystiker Jan van Ruusbroec erkannte.

In der Krise und im Leid kapsele ich mich zuerst ab in meiner Einzelzelle. Doch meine Einzelzelle bekommt immer wieder Risse. Zum Glück. Denn nur so kommt das Licht herein, und ich sehe, dass ich immer schon verbunden bin. Es ist ein nicht von mir entzündetes Licht. Es umhüllt und durchdringt mich, ist immer schon da. Erst jetzt wird eine Stimme vernehmbar: „Früher wart ihr finster, jetzt aber seid ihr Licht geworden in einer Geistesgegenwart, die menschlich und göttlich in einem ist. Lebt also als Kinder des Lichts. Wenn ihr jetzt im Licht lebt, wie Gott im Licht ist, erkennt ihr euch als Verbundene …" (vgl. Eph 5,8 und 1 Joh 1,7).

Anfänger*innen beten gründlich

Der Pianist Igor Levit wurde in einem Interview gefragt, ob er die so oft gehörte und gespielte Mondscheinsonate überhaupt noch hören könne. „Je häufiger ich die Sonate spiele, je mehr ich damit arbeite", erwiderte er, „desto weniger verstehe ich sie, desto mehr entfernt sie sich von mir, desto glücklicher werde ich damit, und desto öfter will ich sie spielen ... Ich möchte nie sagen: Das habe ich verstanden, das Nächste, bitte. Das Ziel ist: Ich möchte immer wieder am Anfang ankommen."[17]

Mit meinem Beten ergeht es mir ähnlich: Es wird noch mehr, noch unverfügbarer zum Gebet, wenn es innen im Leben Halt sucht, im offenen, abgründigen Lebensgrund, der mir zum Gottesgrund wird. Dahinein verliere ich mein Bescheid-Wissen über das, was ich zu beten habe. Nackt wie am Anfang meines Lebens finde ich mich in Gott, bis auf den Grund beziehungs- und ergänzungsbedürftig – und bin selig ... Nicht mehr wissend und nicht mehr das Wissen brauchend, worum ich in rechter Weise beten soll (vgl. Röm 8,26). „Nimm mich mir und gib mich ganz zu eigen Dir!", betet Nikolaus von Flüe. Hier erst ereignet sich gründliche Umkehr, Umkehr des Grundes. Ich werde befreit von der Anstrengung, mir selbst Grund zu sein, *meinen* Anfang zu setzen, der ich mir selber bin. Der unergründliche Gott kann jetzt mit mir etwas anfangen. Und ich vertraue: Er fängt etwas mit mir an. Ich lasse los. Ich lasse sein. Ich lasse Gott und alles und mich selbst sein. Die Grundbewegung der Liebe – ist sie nicht zuerst einmal dieses respektvolle Sein-Lassen? Ich versuche auch nicht nachträglich, das Losgelassene zu korrigieren, zurechtzurücken, aufzupolieren aus Furcht, nicht richtig gebetet zu haben, es vielleicht noch besser hinzukriegen. All mein Beten sammelt sich im Amen: „Ja, so ist es. Ja!" In diesem Geist bete schon nicht mehr zuerst ich, sondern der Geist Jesu betet in mir, der das göttliche Ja und Amen ist (vgl. 2 Kor 1,19f). Und dann – vom erbetenen und empfangenen Beten erhoben – erhebe ich mich zu neuem Anfang. Ich fange an in einem mehr gelassenen, mich überlassenden und mir darin durchaus meiner selbst bewussten Anvertrauen. Wieder anfangend vertraue ich im Licht der gütigen Gottesgegenwart auf mein kleines Können und meine kleine Kraft in meinem scheinbar bedeutungslosen Tun. „Große Kraft in kleiner Kiste" fasste ein befreundeter Flüchtling diese Zentrierung nach einer schlimmen Demütigung im Ausländeramt ins Bild.

Und ich erinnere mich, wie ich in Nachtschichten betend Himmel und Erde, Gott und Menschen innerlich verbunden sah, wie ich Augenblick für Augenblick mich hineingab in meine Arbeit im Dunkeln für die mir Anvertrauten. Aufrecht und erwachsen und zugleich „den Säuglingsblick zum Himmelslicht wiederholen bis zum Ende"[18], empfiehlt Peter Handke. Denn der Anfang enthält den Keim der Zukunft. Im Anfangen strecke ich mich im Schönen wie im Schweren über mich selbst hinaus aus. So finde ich Mensch hinein in Gottes Art, immer „*im* Anfang" zu sein: „*im* Anfang schuf Gott Himmel und Erde" (Gen 1,1) und „*im* Anfang war das Wort" (Joh 1,1).

3. Übergänge

„Werdet Vorübergehende!"

Das Wort aus dem apokryphen, nicht in die Bibel aufgenommenen Thomasevangelium (Logion 42) trifft mich. Wenn ich Mensch nach Gottes Art immer „im Anfang", im Anfangen bin, dann lebe ich zugleich in einem beständigen Übergang. Ich lebe vorübergehend. Brüche gehen vorüber. Anfänge gehen vorüber. Ich lebe im Vorübergehen, im Übergang. Wie oft geschieht es, dass wir uns von einem Menschen für eine kurze Zeit verabschieden und Monate oder Jahre später erfahren: Es war der letzte Abschied – im Vorübergehen …

Keine Entwicklung ohne Scheitern

Auch verheißungsvolle Anfänge nach schweren Lebenskrisen können plötzlich abbrechen oder allmählich im Sande verlaufen. Salopp gesagt: Ein Anfang kommt selten allein. Brüche und Anfänge beziehen sich aufeinander und entwickeln sich gegenseitig und miteinander weiter. Sosehr der Boden der Tatsachen, auf dem wir stehen, fest zu sein scheint, sosehr wir uns auch einrichten und sichern – unser Lebensgrund ist in Bewegung wie das Grundwasser oder, noch tiefer, wie die Lava unter unseren Füßen. Unser Lebensgrund fließt und schwingt. Schwellenwesen sind wir, „Brückenwesen" (Klaus Hemmerle) im Übergang von einem zum andern. Von ruhigen Zeiten abgesehen, leben wir in lebendigen Übergängen von Geboren-Werden und Sterben und wieder Geboren-Werden und so weiter. Ein Anfang bleibt nicht ewig Anfang. Er führt zu weiteren Entwicklungen und Verwicklungen und kann auch – vorübergehend – scheitern. Scheitern meint mehr als „mal einen Fehler machen". Dieser kann relativ leicht behoben, entschuldigt oder korrigiert werden. Scheitern geht tiefer. Es wirkt massiver, denn es trifft uns im Kern unserer Persönlichkeit.

Doch Scheitern ist tabu. Und Scheitern ist Thema. Keiner will es. Doch jedes Menschenleben ist voll davon. Das gespaltene Verhältnis steckt schon im Wortursprung: das gespaltene (Holz)Scheit. Hört demnach Scheitern auf, Scheitern zu sein, sobald ich es nicht mehr abspalte? Ist es möglich, auch das Tragische, das Weggebrochene als unerklärlichen Teil meines Lebens anzunehmen?

Wenn ich mir die Lage der Menschheit vor Augen führe: Wie viele Menschen scheitern in ihrem Überlebenskampf aufgrund von Unfreiheit, Ungerechtigkeit und Krankheit? Scheitern nicht viele der Armen? Und wenn die Armen scheitern, scheitern wir Wohlhabenden dann nicht auch?

Von so zahlreichen und einschneidenden Lebenskrisen, wie Johann Sebastian Bach sie erfuhr, sind wir vermutlich nicht getroffen. Für die Menschen seiner Zeit war er noch keineswegs der große Komponist. Ein Drittel seiner Werke ging vermutlich verloren. Mit zehn Jahren war er Vollwaise. Später starben elf seiner zwanzig Kinder. Als er 1720 von einer Reise heimkehrte, war seine Ehefrau gestorben und bereits begraben. All diesen und anderen bitteren Erfahrungen zum Trotz und ohne jemandem mit seinen vielfältigen Nöten imponieren zu wollen, lebte er bejahend und kreativ. Er wurde zu einem Meister in der Kunst des Überlebens und Komponierens. Der Philosoph Hans Blumenberg hörte in seinen Werken „Gott aufkeimen“ und nannte seine Kunst „gottheitsgebärend“.

Und Beethoven, um einen weiteren allseits bekannten Musiker zu nennen? Gewiss haben auch die aufregenden politischen Entwicklungen nach der Französischen Revolution seine Musik so leidenschaftlich und kraftvoll werden lassen; nicht weniger seine immer wieder scheiternde Beziehungssuche. Seine größten Werke schuf er unter dem Einfluss seiner zunehmenden Schwerhörigkeit und Taubheit, die ihn häufig an den Rand der Verzweiflung trieb, ja sogar an Selbstmord denken ließ. Nur durch die vielfältigen Erfahrungen des Scheiterns wurde Beethoven *der* Beethoven, mit dem noch Generationen von Komponist*innen musikalisch rangen. Hat die Menschheit seine Zeiten und Kulturen verbindende Kunst („Alle Menschen werden Brüder“ im Schlusssatz seiner letzten Sinfonie) nicht zuletzt seinem verzweifelten Ringen um ein menschliches Überleben zu verdanken?

Was fange ich mit diesen Lebenszeugnissen an? Vielleicht dies: Wenn ich einmal begonnen habe, höre ich nicht auf, weiterzugehen von Verlust zu Verlust, von Anfang zu Anfang, von Schwelle zu Schwelle. Dies kann mich entmutigen. Es muss mich aber nicht auf Dauer entmutigen. Im Gegenteil! Es kann mich in Staunen versetzen. Nichts ist nach vorläufigem Ende verloren. Niemals gibt es eine endgültige Niederlage. Alles ist immer noch größer. Alles ist noch schöner, als ich ahnte. Denn das göttliche Geheimnis durchdringt und umfängt alles. Alles kann aus dem unerkennbaren Gottesgrund wieder die Frische des Anfangs empfangen. Langsam werde ich jenem Lebensgeheimnis vertrauter, indem ich es erfahre und dann wieder nicht erfahre. So sehe ich mehr und mehr ein, dass ich noch nicht wirklich verstehe und nie vollends verstehen werde, was dieses Geheimnis in meinem Leben bedeutet. Ich bleibe auf einer nie endenden menschlich-göttlichen Suchspur durch meinen Welt-Alltag. Ich darf schwach sein und scheitern und zusammenbrechen, aber ich muss darin nicht allein bleiben. Ich kann mich darin für eine mich selbst und alles tragende Verbindung – wenn auch zaghaft und zitternd – öffnen. Wenn Lieben mein Lebensweg und Lebensziel ist, dann kann ich im Letzten nicht scheitern und verkommen. Denn diese Liebe, diese Verbindung ist größer und lebendiger als ich selbst. Sie geht über mich hinaus. Sie umfängt und belebt mich. Viel näher als nah und zugleich auch fern: ein Weder-dies-noch-das, ein Nicht-etwas, das wie ein Nichts sich jedem meiner Zugriffe entzieht.

In der ersten Lebenshälfte will der Mensch vom Scheitern noch nichts wissen. Wie für die meisten jungen Tatendurstigen konnte auch mir der Lebenseinsatz in der ersten Lebenshälfte nicht radikal genug sein. Es reizte geradezu, ein Grenzgänger, ein Draufgänger zu sein. Nicht selten rücksichtslos gegen mich selbst und andere. Genau auf diesem Weg aber wurde ich zu den Gescheiterten geführt, den Stillen und Scheuen, den Randsiedler*innen der Gesellschaft. Und genau diese konnten mir dann erfahren zur Seite stehen in meinem nicht ausbleibenden Scheitern. Bei den Gescheiterten ging ich in die Schule. Jene, die sich nicht über ihr eigenes Scheitern hinwegtäuschen, können mich in die schwierige „Kunst des Scheiterns" (Konstantin Wecker) einführen. Sie helfen mir – falls dieser saloppe Ausdruck taugt –, „gescheit zu scheitern" (Felix Maria

Arnet). Wie ein Mensch sich seinem Scheitern stellt, sagt mehr über ihn aus als seine Erfolge.

Nach jahrelangem Kämpfen und wiederholtem Scheitern stieß es aus einem Freund wie eine plötzliche Erleuchtung hervor: „Der Mensch ist schwach." In diesem einfachen Satz nach der zweiten Büchse Bier auf einer abgelegenen Parkbank offenbarte und verbarg sich seine Lebenserfahrung, seine Lebensweisheit. Er war der Abtreibung entkommen, weil die junge Mutter, noch Azubi, katholisch erzogen war. Zum Glück! Doch lieben konnte sie ihn nicht wirklich, ihn, der schuld war am Abbruch ihrer beruflichen Entwicklung. Wofür er nun wirklich nichts konnte. Er wurde – wen wundert's – zum „schwierigen Kind". Darum häufig eingesperrt, stunden-, ja tagelang. Seitdem hat er mit Aggressionen und Gewaltphantasien zu kämpfen. Wo's eng wird, muss er sich verdrücken, um sich und andere vor Gewaltausbrüchen zu schützen – in Beziehungen, bei der Arbeit. Der Mensch ist schwach – und dadurch unversehens überfordert. Wie schnell scheitere auch ich an ähnlichen inneren und äußeren Realitäten, mit denen ich dann langsam und mühsam leben lerne! Im Bejahen eigenen Scheiterns über Jahre hin scheitern – bis allmählich und erst im Rückblick bemerkt mein Scheitern drinnen ist in mir, nicht mehr abgespalten. Jetzt schließlich doch noch eingefügt in eine gerade durch dieses Scheitern erweiterte und vertiefte Lebensgestalt. Nur so gewinne ich menschliche Tiefe und persönliches Profil. Nur durchs Scheitern hindurch kann ich wirklich zur Welt kommen, Gestalt finden, mich entwickeln. Schon das Trauma der Geburt war das Scheitern seliger Symbiose. Und lebenslang werde ich durch Erfahrungen des Scheiterns an den Nullpunkt, den Geburts- und Wendepunkt geführt. In notvollen seelischen Erfahrungen werde ich immer wieder neu in den Grund geführt. So fühlt es sich auch an: Ich gehe zugrunde – um dann gleichsam im Abstoßen vom unergründlichen Grund her wie neu geboren aufzutauchen. Es ist vermutlich diese Lebenserfahrung, auf die Jesus im Gespräch mit Nikodemus anspielt: „Wenn jemand nicht von Neuem geboren wird, kann er das Reich Gottes nicht sehen" (Joh 3,3). Doch was ist das „Reich Gottes"? – Gott selbst mit seinem unerschöpflichen Reichtum an Leben und Beziehung.

Wenn ich nach innerem Ringen über meine ichbezogene Enge hinausgehe, Beziehung suche in Gebet und Gespräch, kann ich vom Gescheiterten wieder zum „Autor meiner eigenen Lebensgeschichte" (Viktor E. Frankl) werden. Nur da werde ich wirklich Mensch, wo ich mir die Geschichte meines Lebens nicht diktieren oder vorschreiben lasse, sondern verantwortlich selber schreibe. Denn meine Identität entscheidet sich nicht vorrangig an dem, was über mich entschieden wird und was mir geschieht. Meine Identität entscheidet sich an dem, wie *ich* entscheide, wie *ich mich* zu den Umständen und Herausforderungen stelle. Ist das mir zugefügte Unrecht auch noch so groß (wie im Beispiel des Freundes) – ein winziger, jedoch entscheidender Freiraum bleibt immer: Wie stelle *ich* mich dieser meiner Geschichte? Wie antworte *ich heute*? Wie werde ich klarer und fester in meiner Selbstachtung, meiner Selbstverantwortung und Mitverantwortung?

Gern wird da Beethoven zitiert: „Die Kreuze im Leben eines Menschen sind wie die Kreuze in der Musik: Sie erhöhen!" Dagegen bäumt sich – bei allem Respekt für Beethoven – mein Lebenswille heftig auf. Ja, ich weiß: „C" wird zum „Cis", wenn ein Kreuz davorsteht. Ein Kreuz, in die Notenzeile gezeichnet, erhöht den ihm folgenden Ton. Ein Kreuz, eingezeichnet in mein Leben, erhöht mein Leben? Kann das stimmen?

Was mir als Scheitern erscheint, muss offensichtlich nicht Scheitern bleiben. Wie war das noch? Scheitern kommt vom abgespaltenen (Holz-)Scheit. Hört Scheitern also auf, Scheitern zu sein, sobald ich es nicht mehr abspalte?

Als ich geboren wurde, konnte ich fast nichts. Alles, was ich lernte, lernte ich durch Scheitern. Schon meine ersten Schritte lernte ich durch Scheitern: Ich fiel immer wieder hin. Mit dem Sprechen verhielt es sich nicht anders und mit allem anderen ebenso. Und so bleibt es: Ich komme in meinem gesamten Lebenslauf durch mein zuerst abgelehntes, dann aber doch adoptiertes Scheitern weiter. Nicht nach meinem alten Muster komme ich weiter. Im Scheitern geschieht ein Musterbruch. Neue Wege, eine neue Tiefe, eine neue Qualität tun sich im Scheitern auf. Solch bewusstes, „gescheites" Scheitern kann immens fruchtbar wirken. Wenn ich mein Scheitern durchfühle, bedenke und betend in Beziehung bringe, kann es in mir einwohnen und neue, nie geahnte Wachstumsprozesse initiieren. Davon verstehe ich nichts. Weiß nicht, wie mir geschieht. Ist es womöglich die Gegenwart des gescheiterten und auferstandenen Christus in mir? Eins erfahre ich deutlich: Dieses Gezeichnet-Sein vom Leben, diese leidvolle Kerbe verbindet mein Leben mit einer unendlichen Tiefe. Einsichtig ist sie mir nicht. Nichts weiß ich von ihr – außer: Diese unfassbare Tiefe ist real präsent, ist akute Gegenwart – nicht irgendwo draußen, sondern drinnen im ureigensten, unbewussten Lebensgrund.

Vom Erscheitern der neuen Lebensgestalt[19]

Der Freund, von dem ich erzählte, wurde über Jahrzehnte durch sein wiederholtes und irgendwann adoptiertes Scheitern hindurch zum Lebenskünstler, zum Autor seiner einmaligen, besonderen Lebensgeschichte. Im Scheitern und durch dieses Scheitern hindurch entwickelte sich seine Persönlichkeit und gestaltete sich das stille Kunstwerk seines Lebens. Es wurde auf seine Weise ein Original und Meisterwerk. In den ihm gegebenen Grenzen hat er sein Leben gemeistert, wie wir sagen. Dass dies geschehen kann, bedarf es wenigstens eines Menschen, der diesen Menschen so aufnimmt, wie er ist, mit all dem, was in ihm ist. Wilfred Bion († 1979), den manche einen „psychoanalytischen Mystiker" nennen, spricht von „containing": Ohne Wertung alles, was mir aus den Abgründen eines Menschen anvertraut wird, aufnehmen, achten und würdigen und vor allem – auch wenn mich manches schockiert – an seiner Seite bleiben. Durch mein Dableiben, mein Genau-Hinsehen und Nicht-Weglaufen wird es dem anderen eher möglich, sich seiner belastenden Wahrheit anzunähern und schließlich zu stellen. So verliert das Verleugnete seine untergründig wirkende Macht. Bion lädt für die therapeutische (und seelsorgliche) Begleitung zu einer Haltung ein, die er „faith in O" nennt. Es ist der Glaube, dass sich in der vertrauensvollen Aussprache und Annahme etwas ereignen kann, das nicht machbar ist, sondern dem göttlichen Mysterium des Lebens entspringt. Dieses „O" ist nur eine Chiffre. Steht sie für Gott? Steht sie für Omega, für Origin (Ursprung) oder als Null für das Nichts, für das Nicht-etwas im Leben, das göttliche Geheimnis, das „weder dies noch das" (Meister Eckhart) ist? Der Psychologe schweigt darüber.

Es scheint so, dass ein Mensch nur von innen her durch sein Scheitern hindurch sein neues Lebensprofil gewinnen kann – mit der Unterstützung einer wachen, wohlwollenden Begleitung und durch ein gemeinsames Dranbleiben hindurch. Dies geschieht immer geistlich, geistgewirkt, auch wenn es nicht religiös reflektiert und verbalisiert wird. Dann rennt jemand nicht mehr verzweifelt gegen die harte Lebensgrenze an. Sie oder er „bebrütet" sie annehmend, ausharrend, erwärmend. Und eines Tages, nicht vorausberechenbar, bricht die harte Schale des Unmöglichen auf. Es bricht etwas auf, was bei besten Fähigkeiten und Möglichkeiten nicht zu schaffen gewesen wäre. Nicht etwas Gecovertes. Etwas wirklich Neues! Das Wunder einer nicht herstellbaren neuen Lebensgestalt, einer neuen Art, in Beziehung zu sein, Mensch und Mit-Mensch zu sein.

Dieses kleine Wunder geschieht plötzlich, doch es bereitet sich lange in diesem Raum des unbedingten Angenommenseins vor. Und dann ist sie plötzlich sichtbar und erfahrbar – diese neue Gestalt eines neuen Weges. Und Paulus hat recht: „Was gesät wird, ist armselig, was auferweckt wird, herrlich. Was gesät wird, ist schwach, was auferweckt wird, ist stark" (1 Kor 15,43). Er kann dies sagen, weil es seine persönliche, mystische Erfahrung ist, in der ihm zugesprochen wurde: „Meine Gnade (meine göttliche Zuneigung) genügt dir; denn in der Schwachheit erweist sie ihre Kraft" (2 Kor 12,9). Auf eine wichtige Unterscheidung sei an dieser Stelle hingewiesen: Schwach-Sein ist nicht gleich Opfer-Sein. Es gilt: Nein zur Opferrolle – egal, ob andere oder ich mich selbst in sie hineinmanövriert haben; aber ein beherztes Ja zu meinem Schwach-Sein, das durch liebendes Bejahen sich allmählich in Stärke verwandeln kann.

Die Entwicklung einer Lebensgeschichte durchs Scheitern hindurch verläuft also nicht linear, geradewegs aus dem Dunkel steil nach oben ans Licht. Echte Entwicklung verläuft eher spiralförmig: Ich komme mir von Zeit zu Zeit so vor, als sei ich im Kreis gelaufen und wieder am selben Punkt wie ehedem. Ich dachte z. B., ich hätte einem Menschen vergeben, sehe ihn unerwartet wieder und merke: Nein, so weit bin ich nicht wirklich. Es schmerzt noch wie damals. Ja, meine Seele muss bei tiefen Brüchen von Zeit zu Zeit „eine Runde drehen" und noch einmal zurückgehen zur Bruchstelle. Doch mein Gefühl täuscht: Ich bin *nicht* an demselben Punkt wie damals. Ich bin weitergegangen, habe mich weiterentwickelt. Das macht der Vergleich mit der Spirale deutlich. Es geht wohl langsamer als gedacht, weil seelische Heilung ihre Zeit braucht. Offensichtlich geht seelische Entwicklung so: nach einer Phase des Wachsens und Weitergehens in allmählich größer werdenden zeitlichen Abständen eine erneute Runde drehen, um das zurückliegende Trauma aufs Neue hineinzuholen und ihm seinen angemessenen, sich verändernden Platz in meiner Lebensgestalt zukommen zu lassen.

Der Aachener Bischof Klaus Hemmerle schrieb dazu: „Die Persönlichkeit, das Leben, die solches ‚vermögen', sind wahrhaft ein Kunstwerk. Doch wie soll dieses Kunstwerk gelingen? Wie geht das? … Es miteinander ‚hinüberheben' zu Ihm … Geburtswehen, bis Christus in uns und durch uns Gestalt gewinnt. In der Sprache von Herbert Falken (einem Aachener Priester und Künstler): Wir kommen nicht am Scheitern vorbei, aber *dieses Scheitern ‚erscheitert' seine Gestalt*."[20]

Schwieriger Tobak. Doch das ungewohnte Wort vom Erscheitern trifft. Denn im Scheitern verbergen sich oft mehr Möglichkeiten als nur das passive Erleiden. Scheitern kann zugleich passiv und aktiv werden, eine äußerst aktive Passion, die mich ganz ergreift und einfordert. Und dann: *Seine*, also Christi Gestalt erscheitern? Wie soll das gehen? Da wird mir das schlichte Wort „Sein" zur Brücke: „Das Wort ‚sein' bedeutet im Deutschen beides: Da-sein und Ihm-gehören."[21] Und ich spüre es im eigenen Leib: dass ich da bin und Ihm gehöre. „Das Leben ein Kunstwerk – wie weit sind wir davon entfernt, und wie wenig können wir doch darauf verzichten, dass unser Leben Gestalt gewinnt, Gestalt, die in sich ein Ganzes ist und zugleich ins Ganze sich einfügt."[22]

Das „Leben als Labor" (Elmar Salmann), in dem ich erforsche und durcharbeite, was mich trifft und worauf ich treffe. So verändert und entwickelt sich mein Leben von Stunde zu Stunde, von Tag zu Tag. Im Erleiden des Unveränderbaren wie ebenso im Erarbeiten meiner aktiven Antwort, wo ich Spielraum sehe, wächst meine Lebensgestalt. Wem das Leben dann gezeichnet, doch gerettet ist, der hat intensiv erfahren, „dass sein Leben Gestalt gewinnt, Gestalt, die in sich ein Ganzes ist und zugleich ins Ganze sich einfügt". Es scheint nicht anders möglich zu sein, als an dieser ersehnten menschlicheren Lebensgestalt immer wieder zu scheitern, doch im Scheitern nicht liegen zu bleiben, sondern – wie beim kindlichen Laufenlernen – sich zu erheben: von innen her, vom göttlichen Geist bewegt. Beistand, Lebendigmacher, Tröster und Ermutiger wird er genannt, der göttliche Geist. In uns wohnt er und über unserem Chaos ruht und brütet er (vgl. Gen 1,2), um uns zu beleben und zu inspirieren.

In den drei ersten Punkten ihres Zwölf-Schritte-Programms formulieren die „Anonymen Alkoholiker":

„1. Schritt: Wir gaben zu, dass wir dem Alkohol gegenüber machtlos sind – und unser Leben nicht mehr meistern konnten. 2. Schritt: Wir kamen zu dem Glauben, dass eine Macht, größer als wir selbst, uns unsere geistige Gesundheit wiedergeben kann. 3. Schritt: Wir fassten den Entschluss, unseren Willen und unser Leben der Sorge Gottes – wie wir Ihn verstanden – anzuvertrauen."

Es ist eine gesunde Reaktion, wenn ich mich in einer ersten Phase gegen das Scheitern wehre. Geschieht es denn je anders als durch Kapitulation vor der Übermacht der Verhältnisse, inneren oder äußeren? Erst nach dem annehmenden „Bebrüten" meines Scheiterns kann ich den befreienden Durchbruch erfahren. Er geschieht wie eine *sanfte* Überwältigung – aber nicht von außen, sondern von meinem Innersten, von meiner tiefsten Identität her, von dorther, wo Gottes Leben und mein Leben eins sind, wie Mystikerinnen und Mystiker es immer wieder erfahren haben. Dieser Durchbruch ist zugleich die *beseligende* Kapitulation meines rationalen, kontrollierenden Ich! Dieser sanfte Durchbruch unterläuft den „rationalen Radar".

Doch durch Trauer hindurch

Abbruch, Verlust und Abschied machen traurig. Sie belasten die Seele nicht selten über Monate und Jahre hinweg. Schwere seelische Arbeit ist zugemutet und ich darf ihr nicht aus dem Weg gehen. Dieser Weg ähnelt manchmal einem Sterbeprozess in seinen unterschiedlichen Phasen, die nicht unbedingt in dieser Reihenfolge durchlebt werden müssen, sondern auch hin und her springen können: Nicht-wahrhaben-Wollen – Zorn und Wut –

Verhandeln – Trauer – Zustimmung und Annahme. Wenn ich dieser Seelenarbeit aus dem Weg gehe, wird sich dies später einmal rächen. Dann werden Seele und Geist trübe und lustlos, eine untergründige Daseinswut oder eine mehr oder weniger offene Depression können dann insgeheim mein Lebensgefühl bestimmen. Ohne die mühsame und manchmal einsame seelische Trauerarbeit kann ein seelischer Bruch nicht heilen, kann sich das Leben nicht aufs Neue weiterentwickeln und entfalten. Trauerarbeit kann ich nicht managen, auch niemand anders. Sie bedarf zuerst einer wachen Achtung und liebevollen Wahrnehmung der eigenen Wirklichkeit. Paulus unterscheidet zwischen einer schädlichen, weltlichen Traurigkeit, die sich in sich selbst verschließt und unangesehen dahindümpelt, und einer fruchtbaren Traurigkeit. Der Gemeinde in Korinth, der er einiges zumuten und die er von daher traurig stimmen musste, schreibt er: „Jetzt freue ich mich, nicht weil ihr traurig geworden seid, sondern weil die Traurigkeit euch zu einer Sinnesänderung geführt hat. Denn es war eine gottgewollte Traurigkeit; so ist euch durch uns kein Nachteil erwachsen. Die für das göttliche Leben offene Traurigkeit verursacht nämlich Sinnesänderung zum Heil, die nicht bereut zu werden braucht; die weltliche Traurigkeit aber führt zum Tod" (2 Kor 7,9f). Gemiedene oder vernachlässigte Trauerarbeit verursacht mit den Jahren eine resignative Lebenseinstellung, diffuse Ängste sowie Lebens- und Glaubensmüdigkeit. Sie führt in die Isolation, die Abspaltung, den sozialen, seelischen und spirituellen „Tod". Wenn ich jedoch mein Scheitern, meine Verluste annehme, könnte ich auf meine Art Paulus (trotz seiner viel extremeren Erfahrungen) folgen: „Wir werden verkannt und doch anerkannt;

wir sind wie Sterbende und siehe, wir leben; ... uns wird Leid zugefügt und doch sind wir jederzeit fröhlich; wir sind arm und machen doch viele reich; wir haben nichts und haben doch alles" (2 Kor 6,8–10). Diese Worte klingen in meinen Ohren zu idealisierend, doch die Ausrichtung, das Darüber-hinaus stimmt. Es ist eine Erfahrung: Echte Trauerarbeit kann ein enormes Kraftpotential freilegen und mit einer lebenskräftigen Spiritualität beseelen.

Ein weiteres biblisches Beispiel dafür ist Maria Magdalena. In ihr war – vermutlich durch eigenes Scheitern hindurch – eine besondere Beziehung zu Jesus gewachsen. Sie liebt ihn, der ihr menschlich so nah und der zugleich so unheimlich anders ist. Als er am Kreuz stirbt, gerät sie in eine abgründige Verzweiflung: „Des Nachts auf meinem Lager suchte ich ihn, den meine Seele liebt. Ich suchte ihn und fand ihn nicht" (Hld 3,1). Anders als die Apostel Petrus und Johannes, die in das leere Grab flüchtig hineingehen, wieder hinausgehen und anschließend „nach Hause" gehen, steht sie lange weinend „draußen vor dem Grab". Schließlich „*beugt* sie *sich* in die Grabkammer *hinein*". Ständig weint sie. Anders als die beiden Männer, die in die dunkle Leere kurz hinein-, hinaus- und wieder weggehen, vergisst sie die Zeit und lässt sich auf die Situation ein. Sie lässt ihrer Trauer freien Lauf. So gewinnt sie Lebenstiefe und Sensibilität. Sie arbeitet sich durch ihre Trauer hindurch, zweimal muss sie sich wenden, d. h. einmal ganz um sich selbst (vgl. Joh 20,14.16). Sie steht wieder da, wo sie vorher stand, doch durch die zweimalige Wende jetzt in geklärter Präsenz. Sie hat sich scheinbar im Kreis gedreht und ist doch weitergekommen. Seelische Verarbeitung und Entwicklung verlaufen – wie oben dargelegt – nie linear, sondern spiralförmig: Ich muss von Zeit zu Zeit wieder „eine Runde drehen", scheinbar an den bereits durchlebten Schmerzpunkt zurück – jedoch anders als zuvor. So kann die Seele die zurückliegende schmerzliche Erfahrung nach und nach integrieren, sie im reifenden Profil meiner Persönlichkeit einen angemessenen Platz finden lassen.

Erst jetzt, nachdem Maria Magdalena sich zweimal gewendet hat, ist es ihr möglich, den Auferstandenen zu erkennen. Ohne ihren eigenen, inneren Veränderungsprozess hätte sich ihr die Erfahrung des zu neuem Leben erweckten Christus nicht eröffnet. Aber auch jetzt wird sie noch weiter herausgefordert. Das Ziel ihrer Sehnsucht so plötzlich vor Augen, will sie ihn festhalten wie die Liebende im Hohelied des Ersten Testaments: „Ich packte ihn und ließ ihn nicht mehr los" (Hld 3,4). Jesus darauf: „Halte mich nicht fest!" (Joh 20,17). Ihre alte, besitzergreifende Liebe kann sich in dieser liebenden Zumutung Jesu („Maria!") weiterentwickeln zu einer freigebenden Liebe. Sie hat ihre Trauer durchlebt und ist einen inneren Weg gegangen. Jetzt erst ist es möglich, sich von alten, zwanghaften Lebensmustern zu befreien. Denn nur was angenommen ist, kann gelöst und verwandelt werden. Der Verlust und Zusammenbruch in der Geschichte ihrer Liebe hat sie durch einen schmerzhaften seelischen Geburtsvorgang über ihre alten, ichbezogenen Beziehungsmuster hinausgeführt. So wird sie zur ersten Botin der Auferstehung, des neuen Lebens aus dem unergründlichen göttlichen Grund. Maria Magdalenas Lebensweg und ihre Osterbotschaft erinnern mich an die zentrale Gabe und Aufgabe meines Lebens: vollständig geboren zu werden und immer klarer als freier Mensch zur Welt zu kommen.

Wie in keiner anderen Religion steht im christlichen Glauben die Annahme des Scheitern-Könnens im Mittelpunkt. Theologisch formuliert, kommt hier die Rede vom Passah-Mysterium ins Spiel, vom Geheimnis des göttlichen Vorübergangs in Leid, Verlust und Aufbruch. Das verdichtete Zeichen dafür ist Christ*innen das Kreuz, die Durchkreuzung und Durchquerung unserer Sicherheiten und Gewohnheiten. Zugleich weist das Kreuz auf den noch in der Gottesferne verborgenen Gott hin.

Ein Hineinhören in die letzten Worte des scheiternden Jesus kann uns vier Dimensionen menschlich-göttlichen Scheiterns auf eine neue Lebensgestalt hin erkennen lassen:

Da ist *zuerst* die Erfahrung der Verlassenheit, die Christus (der Gott und Mensch in einem ist) und uns in der Krise verbindet. Der jüdische Theologe Pinchas Lapide weist darauf hin, dass der Verlassenheitsschrei Jesu im Hebräischen weniger die Frage nach dem Warum als vielmehr nach dem Wozu stellt. Im verzweifelten Schrei fragt Jesus weniger nach den Gründen als vielmehr nach dem Sinn seines Zusammenbruchs, weniger nach der Vergangenheit als vielmehr nach der Zukunft. „Gott, mein Gott, *wozu* hast du mich verlassen?“ (Mk 15,34). Welchen Sinn soll das haben? Wozu soll das gut sein? Leiden bedeutet für uns immer Sinnlosigkeit. Sinnvolles Leiden ist im Grunde kein Leiden mehr. In jeder Lebenskrise müssen wir durch scheinbar sinnlose Not, Enge und Verlassenheit hindurch.

Zum *Zweiten* taucht in der Erfahrung von Zusammenbruch und Verlassenheit immer die Frage nach der Vergebung auf. Mir ist schlimmes Unrecht angetan worden.

Hinzu kommt: In großer Not wird das Gefühl der Abhängigkeit vom Einsatz anderer enorm groß. Je kleiner ich mich fühle, umso größer scheinen mir die anderen. In der Krise können meine Erwartungen an andere übermenschlich groß werden. Kein Mensch wird sie erfüllen können. Ich muss dann mühsam lernen, meinen Nächsten zu vergeben, dass sie nicht Gott sind. Ich werde erwachsen und nehme mich meiner radikalen menschlichen Armut und Einsamkeit an. Das ist eine große Not, die nach einer großen Vergebung ruft.

Vergebung ist in der Botschaft Jesu zentral. An der Vergebung geht kein Weg vorbei zu einem versöhnten und befreiten Leben. „Nicht siebenmal, sondern siebenundsiebzigmal" (vgl. Mt 18,21f) soll ich vergeben. Also immer! So lehrt Jesus. Vergeben, um wieder frei zu werden, denn solange ich nicht vergeben kann, bleibe ich unfrei, abhängig vom anderen.

Als ich in Exerzitien eine ganze Woche die Passion Jesu betrachtete, fiel mir auf: Jesus sagt in seiner Ohnmacht und Qual am Kreuz nicht: „*Ich* vergebe euch!" Er war wirklich ein Mensch wie wir. Auch er konnte im Schmerz nicht gleich vergeben! Doch dabei belässt er es nicht. Er hält fest an der größeren Vergebungskraft Gottes und wendet sich an den Vater: „*Vater*, vergib *du* ihnen, denn sie wissen nicht, was sie tun!" (Lk 23,24). Welcher Trost, welche Orientierung steckt für mich Vergebungsanfänger in dieser Wendung Jesu an den Vater! Eine heilsame Spur. Ich kann ihm darin folgen, wenn ich selbst in der Krise unfähig bin zu vergeben. „Gott, vergib *du*! Ich kann es nicht, noch nicht. Ich möchte dir aber später hinterherkommen in meinem Vergeben!"

Nach seinem Zusammenbruch am Kreuz begegnet der Auferstandene den Jüngern. Nach dem Friedensgruß haucht er sie zärtlich an und sagt: „Empfangt den Heiligen Geist! Wem ihr die Sünden vergebt, dem sind sie vergeben. Wem ihr die Sünden nicht vergebt, dem sind sie nicht vergeben" (Joh 20,23). Als ich dieses Wort Jesu mit einer Gruppe junger Leute besprach, merkte einer erschrocken auf: „Ja, dann ist meine Verweigerung der Vergebung womöglich die größere Sünde als die des anderen, die ich nicht vergebe! Weil ich die göttliche Vergebung blockiere …"

Ein *drittes* Wort Jesu am Kreuz gehört ebenso unverzichtbar zu einem Weg, auf dem Brüche zu Anfängen und Übergängen werden. Es ist das Sich-Anvertrauen inmitten der Krise und äußerster Ohnmacht: „Vater, in deine Hände lege ich meinen Geist" (Lk 23,46). Sich überlassen und anheimgeben dem dunkel geahnten, verborgenen Gott, der mich mit unzerstörbarer Treue liebt wie eine Mutter oder wie ein Vater, wie eine Freundin oder wie ein Freund. Wenn ich mich wie ein Habenichts fühle, kann ich mich verbinden mit dem Habenichts Christus in seiner Ohnmacht: „Also ehrlich – ich liebe dich noch, wenn auch mit einer alt und schmucklos gewordenen Liebe. X-mal gescheitert stehe ich nach all den Jahren vor dir – und hoffe, wir können noch Ja zueinander sagen: du Habenichts zu mir Habenichts, ich Habenichts zu dir Habenichts." Mit diesem „Christus Habenichts" verbunden finde ich vielleicht eine Spur, mich Gott anzuvertrauen in meiner Ohnmacht: „Durch das unverständliche Dunkel hindurch vertraue ich mich dir an …"

Eine *vierte* Dimension, die jedes durchgestandene Scheitern kennzeichnet, finden wir in dem Wort Jesu am Kreuz: „Es ist vollbracht!" (Joh 19,30). Oder wie Fridolin Stier übersetzt: „Es ist ans Ziel gekommen!" Es ist durchlebt, durchlitten, durchgestanden. Ich weiß nicht genau wie. Ich weiß, da war mehr als meine kleine Kraft. Eine andere Kraft in mir hat es mit mir vollbracht und ist mit mir ans Ziel gekommen. Ich bin schwach, doch da ist auch eine verborgene Stärke, eine Stärke anderer Art als die meine. Wie ermutigend ist es nach durchgestandener Lebenskrise, nach schwerem Verlust oder Zusammenbruch, dies bemerken zu können. Vielleicht kommt einem sogar ein Gebet wie: „Jetzt fange ich wieder an, Gott. Du hast mich losgebunden von den Fesseln des Alten und Vergänglichen. Durch dich bin ich jetzt freier als zuvor. Ich glaube, du warst mit mir im Vorübergehen, im Nicht-mehr-festhalten-Können. Ja, und zugleich habe ich dich erfahren als den Treuen, Verlässlichen, den Ewigen. Wenn auch eher im Nachhinein als mittendrin in der Not." „Anstelle von Heimat halte ich die Verwandlungen der Welt"[23], schrieb die Dichterin Nelly Sachs nach der Shoa, dem Holocaust. Statt fester Halt fortschreitende Übergänge, eine Spannungsexistenz auf der Schwelle.

Des heiligen Franziskus letzter Übergang, sein Hinübergehen von der sichtbaren in die unsichtbare Welt macht deutlich, wie in jedem Übergang im Laufe des Lebens eine Entblößung – nicht nur in äußerem Sinn – verbunden ist. Sein Sterben erinnert an vorangegangene Geburten in seinem Leben, zumindest an seine natürliche Geburt und seine „zweite Geburt", die Abnabelung vom Elternhaus, als er die bislang getragenen, mondänen Kleidungsstücke ablegte und nackt dastand: „Von jener letzten Krankheit, die allem Siechtum ein Ende machte, ganz aufgerieben, ließ er sich nackt auf den nackten Boden legen, um in jener letzten Stunde … nackt mit dem Nackten zu ringen" (2 C 214, FQ 415). Innerlich so frei geworden, kann er seine Brüder im Abschied frei ihren eigenen Weg gehen lassen: „Ich habe das Meine getan; was euer ist, möge euch Christus lehren" (ebd.).

Ein gründender und bewegender Bruch

Vom „gründenden Bruch" sprach der französische Jesuit Michel de Certeau. Papst Franziskus hat ihm nach eigener Aussage viel zu verdanken. De Certeau denkt über unsere „Schwachheit zu glauben" nach, die uns bis hierher begleitet hat:

> „Die Geste ist die des *Aufbruchs*, und mit ihr kommt man nie an ein Ende. Aufbrechen bedeutet, den sitzenden Zustand zu beenden und sich auf den Weg zu machen, einen Schritt vorwärts zu tun ... den Glauben nicht mit der Stärke der etablierten Institution zu verwechseln ... Die religiöse Wahrheit lässt sich nicht kapitalisieren. Man kann sie nur mit den anderen teilen. Sie teilt selbst aus. Das Unternehmen ist kühn; aber nicht kühner als die diskreten Tollheiten, die sich zu allen Zeiten finden: die Liebe, das Abenteuer der Wissenschaft oder die dichterische Erfindung. Es ist die Tollheit, die sich in vielen Facetten im Alltagsleben bricht ... uns bleibt nur das Gebet, das immer wiederholen darf: ‚Lass nicht zu, dass ich jemals von dir getrennt werde.'"[24]

Der christliche Glaube macht einen Unterschied. Er macht mich anders. Ich werde ungleich. Doch wenn ich diese Differenz einseitig betone, droht der Glaube zu einem Kult für Eingeweihte zu werden. Bei unserem existenziellen Thema „Lebenskrisen und ihre Botschaften" versuche ich, diese Einseitigkeit zu vermeiden wie ebenso die andere Einseitigkeit, ihre Botschaften zu verharmlosen und einzuebnen, womit niemandem gedient wäre.

Göttliche Wahrheit, die immer lebendige und bewegende Wahrheit ist, ist niemals zu „haben". Sie hätte sonst aufgehört, *göttliche* Wahrheit zu sein. Sie ist nicht zu besitzen. Mit ihr ist nur verwundbar zu leben – „in der Schwebe des Lebendigen" (Max Frisch). Das ist ein gewiss hoher, aber ebenso lebensförderlicher An-Spruch.

Wir haben keinen Zugriff auf die Lebensquelle. Das Grab ist leer. Den Jüngern auf dem Weg nach Emmaus entschwindet Jesus in dem Moment, als sie ihn erkennen. Es bleibt das Weitergehen ins Offene, in immer neuen Übergängen. Es spricht einiges dafür, dass die beiden Emmausjünger, Kleopas und jemand Ungenanntes, ein Jünger und eine Jüngerin oder ein Ehepaar waren, denn Frauen wurden damals meist nicht mit Namen erwähnt. Wie dem auch sei, sie werden nach dem neuerlichen Vermissen Jesu sich weiterhin ausgetauscht und einander zugehört haben – ahnend, wie er mitgeht und mitfühlt. Es geht uns noch heute so: Nach einem schlimmen Schicksalsschlag, nach Verlust oder Scheitern ist es so nötig und kostbar, dass ein Mensch an unserer Seite ist – und sei es auch nur vorübergehend.

Zu denken gibt, dass im Johannesevangelium eine der Frauen, die nicht wie die Jünger geflohen waren, sondern beim Gekreuzigten aushielten, „Maria, die Frau des Klopas" (Joh 19,25) genannt wird. Sollte es sich hier um die spätere Emmausjüngerin handeln? Dann hätten die „Emmaus-Jünger" wirklich viel zu besprechen gehabt: Kl(e)opas, der als wehrfähiger Mann vielleicht hatte fliehen müssen, um nicht durch die römischen Soldaten ein ähnliches Schicksal wie Jesus zu erfahren, und seine Frau Maria, die beim sterbenden Jesus ausharrte und eine ganz andere traumatische Erfahrung hinter sich hatte. Wie dem auch gewesen sein mag: Je mehr in Menschen durch Krisen hindurch die Fähigkeit wächst, sich selbst auszuhalten und zu verstehen, desto mehr wächst in ihnen die Fähigkeit, anderen in deren Tiefe zu begegnen, sie zu verstehen und zu begleiten. Menschen, die – oft unfreiwillig – einen Weg zur eigenen, verborgenen Lebenstiefe wagen, entwickeln auch für die verborgene Lebenstiefe anderer Menschen ein Gespür. Die hilfreichsten Begleiter*innen sind nicht selten selbst Verwundete, die frei geworden sind von den eigenen, inneren Verwicklungen.

Eins ist gewiss: Ein Mensch, der aufbricht, kann nicht bei sich selbst stehen bleiben. Er säße bei sich selbst in der Falle. Der da aufbricht, würde den eigenen Aufbruch abbrechen. Er würde ihn fixieren und zur Selbstdarstellung oder für sein ängstliches Sicherheitsbedürfnis missbrauchen. Wer kennt diese Versuchung nicht!? Weitergehen, Vorübergehen ist angesagt und die Hinwendung zum Nächsten, zur Gesellschaft. In geistlichen und kirchlichen Aufbrüchen – wie bei Franziskus und Klara – war und ist diese Versuchung keineswegs geringer als in den Aufbrüchen von säkularen Revolutionen, die später institutionell und hierarchisch veröden. Erfrischend anders wünscht ein spirituell jung gebliebener Papst Franziskus, dass wir in eine „beständige Haltung des Aufbruchs" versetzt werden – in Brüchen und Anfängen und Übergängen –, beginnend bei uns selbst und immer über uns selbst und den Status quo hinaus. „Von Neuem geboren werden" hat es Jesus genannt (Joh 3,1–21).

Franziskus soll gegen Ende seines Lebens seine Brüder aufgemuntert haben: „„Brüder, lasst uns anfangen, Gott dem Herrn zu dienen! Denn bis jetzt haben wir kaum oder auch gar keinen Fortschritt gemacht.‘ Er glaubte nicht, es schon ergriffen zu haben …“ Denn er lebte „in der Hoffnung, immer wieder einen neuen Anfang setzen zu können“ (1 C 103, FQ 263).

4. Die Botschaft(en)?

„Der Dornbusch ist der alte Weg-Versperrer. Er muss Feuer fangen, wenn Du weiterwillst"

Wie Franz Kafka in diesem Textfragment andeutet, kommen uns Krisen nicht selten wie ein widriges, dorniges Gestrüpp vor, in dem wir uns verfangen und verletzen. Es ist nicht leicht, sich daraus zu befreien. Dieses dürre Krisengestrüpp möge Feuer fangen, meint Kafka. Er erinnert mit diesem Bild an die Offenbarung Gottes vor Mose in einem dürren Dornengestrüpp. Meine verwickelten und fruchtlos kreisenden Gedanken und Gefühle – ich will sie vor mir und dem göttlichen Geheimnis offenlegen, dass sie Feuer fangen können. So wird mein Weg wieder frei, und ich komme weiter, dem Lebens- und Gottesgeheimnis näher …

Lebenskrisen – und die mit ihnen oft einhergehenden Glaubenskrisen – sind aus der Distanz betrachtet wertvolle, unverzichtbare Phasen der Persönlichkeitsentwicklung. Wie unser Gehirn und unsere Muskeln, so ist auch unsere Seele, unsere Persönlichkeit nicht statisch. Sie wächst – wie Gehirn und Muskeln – durch Beanspruchung. Andauernde Entspannung und weiche Wohligkeit ließen die Seele verkümmern. Sie würde lebens- und weltfremd. Dass Krisen für die Entwicklung einer Persönlichkeit notwendig sind, ist in der Krisenerfahrung selbst nicht einsehbar. Oft entstehen Krisen, wenn eine alte, zu Ende gehende Lebensphase verabschiedet und eine noch unbekannte Lebensphase ergriffen werden soll. Vielfach signalisieren in der Krise der Körper oder die Seele oder beide gemeinsam, dass eine schädliche Einstellung oder Gewohnheit dringend aufgegeben werden muss, um Schlimmeres zu verhindern. Jeder Mensch wehrt sich zuerst gegen diese unangenehme Störung. Ob die Krise fruchtbar werden kann, entscheidet sich daran, ob es der oder dem Betroffenen gelingt, diese Störung als Signal und als Hilferuf des Körpers und der Seele anzuerkennen. Hier sind eine spirituelle Einstellung und Praxis hilfreich. Sie können die neu einzuübende Grundhaltung der Ehrfurcht vor dem Leben mit seinen Schattenbereichen sowie die Grundhaltung des Bejahens und Vertrauens fördern und festigen. Die größte Zumutung ist vermutlich, hier in eine spirituelle Ergebenheit zu finden, die sich traut, das Kontrollieren und Dominieren aufzugeben, um der Heiligkeit und den Selbstheilungskräften in Leib und Seele Raum zu geben. So wächst in Lebens- und Glaubenskrisen eine offenere Haltung dem Leben gegenüber und für den unverfügbar verborgenen Gott. Krisen, die uns zuerst in eine Isolation zu stürzen drohen, werden so zu Durchgangsphasen in eine tiefere und dankbarere Beziehung zum eigenen Leben und zu allem Leben. Es wächst im Verborgenen leise eine lebenskräftige Spiritualität, eine Lebensmystik, in der Innerstes und Äußerstes, Göttliches und Menschliches in ihrer tiefsten Einheit geahnt, vielleicht sogar erfahren werden. Mystikerinnen und Mystiker sprechen von Gottes Vereinigung mit der Seele in dunkler Nacht. Es ist *Gottes* Vereinigung! Den aktiven Part übernimmt die göttliche Kraft – nicht wir! Auch wenn diese Kraft im Dunkeln wirkt. Hier ist keineswegs eine dunkle Stimmung gemeint. Gemeint sind die letzte Unerkennbarkeit und Unsagbarkeit der Wirklichkeit, ein nichtsehendes Sehen, ein nichtwissendes Wissen. In Krisen ist die menschliche Vernunft existenziell gefordert; zugleich ist aber auch – da ihr die Wirklichkeit nur sehr begrenzt zugänglich ist – ein Überschreiten des rational Erkennbaren gefordert. Der Mensch macht hier die schockierende, aber auch tief beglückende Erfahrung, dass er viel mehr ist, als er verstehen und fassen kann. Es ist die Erfahrung oder bescheidener ausgedrückt: die Erahnung einer alles umfassenden und alles durchatmenden Präsenz, die sich zugleich gibt und entzieht. Noch in der Nichterfahrung Gottes ist Gott als der sich dem Zugriff Entziehende präsent. Hier beginnt der nackte, pure Glaube, der haltlose, doch geheimnisvoll gehaltene und geführte Glaube, von dem beim Bedenken der Krisenerfahrung häufig die Rede war. Da kleinere und größere Krisen in einem intensiven Leben keineswegs Raritäten sind, sondern ganz und gar dazugehören, bietet der Alltag beständig die Möglichkeit, das Leben in seiner unfassbaren Tiefe und Weite nüchtern und beherzt lieben zu lernen.

Einige Anregungen mögen Sie dabei unterstützen, der in der Lebenskrise verborgenen Botschaft auf die Spur zu kommen.

Die aufgezwungene Reduktion der eigenen Spielräume gibt bereits einen ersten Hinweis. Der durch einen Verlust, ein Scheitern oder einen Schicksalsschlag minimierte Spielraum provoziert mich dazu, mich zu konzentrieren, mich und meine verbliebenen Kräfte aus der Zerstreuung und Zerfaserung zu sammeln, wieder einzusammeln. Ich werde durch die Umstände – und wenn ich sie, so schwer es auch fällt, bejahe – zu mir selbst gebracht, auf den Punkt gebracht. Dieser Punkt ist mein Hier und mein Jetzt. Nichts sonst. Ich lasse los und halte nichts. Ich lasse mich ein und lasse mich nieder in mein unwirtliches Hier und mein flüchtiges Jetzt. Trotz der sich breitmachenden Angst und der mir bis an die Kehle steigenden Not will ich vertrauen. „Mit entschiedener Entschiedenheit“, wie Teresa von Avila sagt. Ich vertraue in dieses Dunkel hinein: Mein Hier und Jetzt und Gottes geheimnisvolles, unfassbares Hier und Jetzt sind ein und dasselbe Hier und Jetzt. Auch wenn ich nichts von Gott spüre und nichts von ihm weiß. Ich bin im absoluten Geheimnis meines Lebens jetzt auf den Punkt gebracht. Was habe ich denn? Was will ich denn? Was weiß ich denn? – Ich bin! Ich bin an diesem Punkt. Ich fange annähernd bei null mein Leben bewusst neu an: Ich atme. Ja, ich atme. Was für ein Wunder! Ich verbinde mich mit dem mir gebliebenen Atem. Kann ich ihn genießen? Komisch. Doch es stimmt: Ich kann mich der mir jetzt geschenkten, mir gerade möglichen Atembewegung anvertrauen – wie einer untergründigen, sanften Kraft, wie einem Leitfaden durchs Lebenslabyrinth. Ja, ich genieße es zu atmen. Noch ganz zaghaft. Ich bin da. Werde wach. Ich atme!

Wenn sich mein Atmen erst ganz schwach und wie aus der Ferne anfühlt, lege ich zur Unterstützung eine Hand oder beide Hände auf meinen Leib und spüre, wo und wie der Atem geht und ruht und wiederkommt. Es ist, als säße ich ganz andächtig an der Quelle meines Lebens. Auch wenn ich sie nicht fassen und nur die Oberfläche schauen kann, so bekomme ich doch wieder langsam ein Gespür für mein Leben und für die verborgene Quelle meines Lebens. Ich kann immer wieder zu dieser Quelle gehen und mich so unterstützen, dass ich von ihr her wieder meine Lebensspur finde – unter diesen schwierigen, belastenden Umständen der Krise.

Ich schreibe dies so ausführlich und wiederhole mich ein wenig, weil es mir so wichtig erscheint, so unverzichtbar wichtig, um überhaupt eine Ahnung davon bekommen zu können, was denn die Botschaft meiner Lebenskrise sein soll. Es geht also hier noch darum, in der Belastung und trotz der Belastung körperlich, seelisch und geistig empfangsbereit, feinfühlig und hellhörig zu werden. Sonst habe ich kein „Herz aus Fleisch", wie es die Bibel nennt, und sonst schlägt mein Herz nicht in meinem Fleisch. Ein versteinertes Herz kann nichts empfangen. So muss also der Weg durch die Krise immer bei mir selbst beginnen. Wir stoßen da auf

> „lauter winzige Befindlichkeiten, in denen sich der Wille Gottes für uns ausdrückt. Nichts von alledem ist einfach nur etwas Negatives, das uns beschäftigen und umtreiben sollte; es sind im Gegenteil die Bedingungen, unter denen Gott zu uns kommt. Sein Wille leuchtet darin auf: Dieses Wohlbefinden, diese Migräne, diese Schwere unserer Beine bilden die Materie der Gnade, die uns gerade jetzt geschenkt wird … Wenn wir so den Willen Gottes in unserem Leib erkennen, müssen wir die kleinste Zelle davon respektvoll behandeln. Es bedarf einer gewissen Ehrfurcht vor dem, was Gott geschaffen hat."[25]

Vielleicht liegt hier schon eine erste und grundlegende Botschaft der Lebenskrise verborgen: Ich muss bei mir selbst beginnen, von innen und unten her, und wirklich, und ehrlich. Vielleicht erfahre ich dies in dieser Intensität erstmals in meinem Leben. Vielleicht erfahre ich jetzt endlich, was ich bislang nur so gedacht und nur so geredet habe. Ohne die schlimme Krise hätte ich es vermutlich nie erfahren, wäre nie auf das gestoßen worden, was ich so fahrlässig übersehen hatte.

Damit ist womöglich schon der Anstoß zu einer zweiten, grundlegenden Krisenbotschaft verbunden: In der Krise bricht etwas Neues, zu den bisherigen Umständen Queres und Störendes auf. Ob langsam wie durch das Zerbröseln eines Sandsteins oder abrupt wie durch einen Dammbruch – so oder so – alte, inzwischen überholte, weil das Leben einschnürende Vorstellungen und Regelungen werden aufgebrochen. Ohne dieses schmerzliche und bedrohliche Zerbröseln oder Brechen gäbe es nie etwas wirklich Neues in meinem Leben. Ich würde weiterhin im alten Fahrwasser dahindümpeln.

Doch Achtung! Hier bedarf es meiner Reflexion, meines zweiten Hinsehens und meiner Unterscheidung: Was ist bewährte, weil förderliche Gewohnheit und Tradition in meinem Leben, dem ich auch und gerade in der Krise die Treue halten will? Und was ist wirklich überlebt, wie es alte Kinderschuhe sind, in denen kein erwachsener Fuß gesund bleibt?

Mehr als diese beiden grundlegenden Krisenbotschaften will ich nicht andeuten.

Wie zu Beginn angekündigt, habe ich versucht, mit Ihnen zu kommunizieren – denn „viel hat erfahren der Mensch, seit ein Gespräch wir sind und hören können voneinander" (Friedrich Hölderlin). Es war gewiss ein einseitiges Gespräch. Es sollte Sie animieren, in einer Lebenskrise mit einem nahestehenden Menschen, einer seelsorglich oder psychologisch geeigneten Person ins Gespräch zu gehen – wenn *Sie* entscheiden, dass die Zeit dafür reif ist. „Such dir einen zuverlässigen Menschen, der dich begleiten kann!" (Tob 5,3). Erstarre und verharre also nicht in der Krise.

Mache dich aber auch nicht abhängig von dem Menschen, der dich begleitet. Es geht darum, *deinen* Weg durch *deine* Lebenskrise zu gehen! Da kann die Antwort eines *anderen* Menschen auf die Frage nach der verborgenen Botschaft der *eigenen* Krise vermessen, ja übergriffig sein. Nur der selbst betroffene Mensch kann die in der Krise verborgene Botschaft für sich herausfinden. Ich habe mehrere mögliche Botschaften in meine Ausführungen einfließen lassen. Diese können nur Anregungen für Ihren ganz persönlichen Weg sein. Hoffentlich inspiriert, können Sie jetzt das Buch Ihres eigenen Lebens weiterschreiben …

Zum Weiterlesen

Cyrulnik, Boris, Die Kraft, die im Unglück liegt. Von unserer Fähigkeit, am Leid zu wachsen, München 2001.

Charf, Dami, Auch alte Wunden können heilen. Wie Verletzungen aus der Kindheit unser Leben bestimmen und wie wir uns davon lösen können, München 2018.

Hemmerle, Klaus, Hirtenbriefe, Aachen 1994.

Leppin, Volker, Franziskus von Assisi, Darmstadt 2018.

Levine, Peter A., Sprache ohne Worte. Wie unser Körper Trauma verarbeitet und uns in die innere Balance zurückführt, München 2010.

Monbourquette, Jean, Umarme deinen Schatten. Ermutigung zur Selbstannahme, Freiburg 2001.

Rohr, Richard, Die Liebe leben. Was Franz von Assisi anders machte, Freiburg 2015.

Wirtz, Ursula, Stirb und werde. Die Wandlungskraft traumatischer Erfahrungen, Ostfildern 2018.

Abkürzungen

Die Schrifttexte sind entnommen aus:
Einheitsübersetzung der Heiligen Schrift, Katholische Bibelanstalt, vollständig überarbeitete Auflage, Stuttgart 2016.

Die Franziskus-Quellen (FQ) sind zitiert nach:
Berg, Dieter/Lehmann, Leonhard (Hg.), Franziskus-Quellen. Die Schriften des heiligen Franziskus, Lebensbeschreibungen, Chroniken und Zeugnisse über ihn und seinen Orden, Kevelaer 2009, 2014[2].
Dabei gelten folgende Abkürzungen:
1C = Thomas Celano, Lebensbeschreibung (Vita) des hl. Franziskus
2C = Thomas Celano, Vita oder Memoriale
Per = Sammlung von Perugia

Die Klara-Quellen (KQ) sind zitiert nach:
Schneider, Johannes/Zahner, Paul (Hg.), Klara-Quellen. Die Schriften der heiligen Klara, Zeugnisse zu ihrem Leben und ihrer Wirkungsgeschichte, Kevelaer 2012.
Dabei gelten folgende Abkürzungen:
1–4 Agn = 1.–4. Brief Klaras an Agnes von Prag

Anmerkungen

1 Bonhoeffer, Dietrich, Widerstand und Ergebung. Briefe und Aufzeichnungen aus der Haft, Hamburg 1974[8], 152.
2 Eichendorff, Joseph von, Sämtliche Gedichte, Frankfurt a. M. 2006, 291.
3 Bachmann, Ingeborg, Werke, Bd. 4, München 1982[2], 277.
4 Vgl. zu diesem Abschnitt: Leppin, Volker, Franziskus von Assisi, Darmstadt 2018, 42–45.
5 Tauler, Johannes, Predigten, Bd. 1, Einsiedeln 1987[3], 158.
6 Müller, Herta, Atemschaukel, Frankfurt a. M. 2011, 249.
7 Vgl. Stier, Fridolin, Vielleicht ist irgendwo Tag, Freiburg 1983, 24f.
8 Kafka, Franz, Kritische Ausgabe, Nachgelassene Schriften und Fragmente II, Frankfurt a. M. 2002, 77.
9 Im Folgenden greife ich zurück auf einen Artikel: Lauscher, Georg, „Anfängergeist", erschienen im Pastoralblatt 2/2019, 41–45.
10 Havel, Vaclav, Briefe an Olga. Betrachtungen aus dem Gefängnis, Reinbek 1991, 302.
11 Rilke, Rainer Maria, Die Aufzeichnungen des Malte Laurids Brigge, Frankfurt a. M. 2000, 10f.
12 Vgl. Certeau, Michel de, Der Fremde oder Einheit in Verschiedenheit, Stuttgart 2018, 219.
13 Spaemann, Heinrich, zit. nach: Maureder, Josef, Wir kommen, wohin wir schauen. Berufung leben heute, Innsbruck 2007[4], 9.
14 In anderer Übersetzung siehe: Kues, Nikolaus von, Vom Sehen Gottes, Zürich 1987, 54.
15 Kafka, Franz, Tagebücher, Frankfurt a. M. 2002, 866.
16 „There is a crack in everything. That's how the light gets in." Cohen, Leonhard, Anthem aus dem Album „The Future", 1992.
17 Interview von Moritz Uslar mit Igor Levit, in: DIE ZEIT Nr. 22/2016, zitiert nach: Rosa, Hartmut, Unverfügbarkeit, Wien 2018, 53.
18 Handke, Peter, Gestern unterwegs, Frankfurt a. M. 2007, 9.
19 Im Folgenden greife ich zurück auf einen Artikel: Lauscher, Georg, „Neue Wege erscheitern", erschienen im Pastoralblatt 12/2018, 368–374.
20 Hemmerle, Klaus, Hirtenbriefe, Aachen 1994, 158 (Hervorhebung vom Verfasser).
21 Kafka, Franz, Kritische Ausgabe, Nachgelassene Schriften und Fragmente II, Frankfurt a. M. 2002, 123.
22 Hemmerle, Klaus, Hirtenbriefe, Aachen 1994, 153.

23 Sachs, Nelly, Ausgewählte Gedichte, Frankfurt a. M. 1972[5], 40.
24 Certeau, Michel de, GlaubensSchwachheit, Stuttgart 2009, 30f.
25 Delbrêl, Madeleine, Deine Augen in unseren Augen. Die Mystik der Leute von der Straße. Ein Lesebuch, hg. von Annette Schleinzer, München 2014, 109.

In der Reihe „Franziskanische Akzente" sind u.a. erschienen:

Bd. 1: Mirjam Schambeck, Nach Gott fragen zwischen Dunkel und Licht
Bd. 2: Helmut Schlegel, Die heilende Kraft menschlicher Spannungen
Bd. 3: Katharina Kluitmann, Wachsen – über mich hinaus
Bd. 4: Cornelius Bohl, Auf den Geschmack des Lebens kommen
Bd. 5: Martina Kreidler-Kos, Lebensmutig. Klara von Assisi und ihre Gefährtinnen
Bd. 6: Nikolaus Kuster, Franz von Assisi – Freiheit und Geschwisterlichkeit in der Kirche
Bd. 7: Herman Schalück, Prophetisch glauben. Aufbrüche in franziskanischer Spiritualität
Bd. 8: Stefan Federbusch, Nachhaltig wirtschaften – gerecht teilen
Bd. 11: Helmut Schlegel, Glaubensgeschichten sind Weggeschichten. Die Emmauserzählung als Modell christlicher Existenz
Bd. 14: Paulin Link, Der Sehnsucht Raum geben. Die Kunst der franziskanischen Wegbegleitung
Bd. 16: Hermann Schalück, Den Gottesfaden erkennen. Die Ernte meines Lebens
Bd. 19: Leonhard Lehmann, Vom Beten zur Kontemplation. Hinführung zur franziskanischen Praxis des Verweilens vor Gott
Bd. 20: Wilhelm Bruners, Gottes hauchdünnes Schweigen. Auf seine Stimme hören
Bd. 21: Burkhard Hose, Es reicht. Auf dem Weg zu einer neuen Kultur des Teilens
Bd. 23: Jan Frerichs, Nach der Erleuchtung: Boden wischen. Ein franziskanisches Alltagsprogramm
Bd. 25: Mirjam Schambeck/Elisabeth Wöhrle, Im Innern barfuß. Auf der Suche nach alltagstauglichem Beten
Bd. 29: Stephan Sahm, An der Seite des Lebens. Ethische Herausforderungen in Palliativmedizin und -pflege

Weitere Informationen zu allen Bänden der Reihe finden Sie unter www.echter.de

Der Umwelt zuliebe verzichten wir bei unseren Büchern auf Folienverpackung.

Bibliografische Information der Deutschen Nationalbibliothek
Die Deutsche Nationalbibliothek verzeichnet diese Publikation in der Deutschen Nationalbibliografie; detaillierte bibliografische Daten sind im Internet über ‹http://dnb.d-nb.de› abrufbar.

1. Auflage 2021

www.echter.de

Umschlag: wunderlichundweigand.de
Umschlagbild: Elisabeth Wöhrle sf
Satz: Crossmediabureau, Gerolzhofen
Druck und Bindung: Friedrich Pustet, Regensburg

ISBN
978-3-429-05600-1
978-3-429-05144-0 (PDF)
978-3-429-06527-0 (ePub)